EVA-MARIA BAST | HEIKE THISSEN

Villingen-Schwenninger Geheimnisse

BAND 2

SPANNENDES AUS DER BADEN-WÜRTTEMBERG-STADT
MIT KENNERN DER HEIMATGESCHICHTE

SÜDKURIER

Bast, Eva-Maria; Thissen, Heike;
Villingen-Schwenninger Geheimnisse (Band 2) – Spannendes aus der Baden-Württemberg-Stadt – mit Kennern der Heimatgeschichte

SÜDKURIER in Kooperation mit:
Bast Medien GmbH, St. Ulrich-Str. 11, 88662 Überlingen (verantwortlich)
1. Auflage 2019
ISBN: 978-3-946581-65-9

Lektorat: Manuela Klaas
Covergestaltung: Jarina Binnig, Cornelia Müller, Melanie Kunze
Layout: Homebase – Kommunikation & Design, Jarina Binnig
Karte: Maps4News & HERE Karte, Nina Helmke
Satz: Melanie Kunze
Druck: Mohn Media Mohndruck GmbH, Gütersloh

Ein Titel der preisgekrönten Reihe *Geheimnisse der Heimat*

Inhalt

Vorwort

Heimat ist dort, wo wir uns wohlfühlen. Und die meisten von uns fühlen sich dort besonders wohl, wo sie verstehen, was um sie herum geschieht. Dieses Verständnis des Lebensumfeldes bildet eine begreifbare Brücke, auf der viele vertrauensvoll im Leben voranschreiten. Wer über tiefere Kenntnis seines Wohnquartiers verfügt, der fühlt sich besonders sicher – aber auch besonders gebunden an all das, was das tägliche Dasein umgibt. Umgekehrt gilt: Wer weniger von seiner Umgebung versteht, dem fehlt vielfach die Verbundenheit zu einer Region, der kommt vielleicht auch nie wirklich an, solange diese Wissenslücken klaffen.

Hier setzt dieses Buch an. Es erklärt die Heimatgeschichte, gabelt Begriffe auf, die jeder schon gehört und die viele schon angewendet haben, ungeachtet der Antwort auf die Frage: Moment mal – was genau bedeutet das eigentlich? Wieso heißt das so und weshalb ist das nicht anders?

Und: Dieses Buch bleibt nicht dort stecken, wo Villingen und Schwenningen immer schon festhingen. Im Badischen und im Württembergischen also. Nein, hier ist aufgeschrieben, was heute, im Jahr 2019, seit nun fast 50 Jahren zusammengehört: Villingen-Schwenningen. Weshalb Schwenningen zwei Kaisern huldigt wird hier ebenso geklärt wie die Frage, weshalb die Villinger Altstadt nicht der Bereich ist, der sich überwiegend als Fußgängerzone zwischen den Stadttoren erstreckt.

Das Buch, das Sie heute in Händen halten, kann also auch ein Beitrag dazu sein, in der Wahl-Heimat anzukommen. Sein Zuhause als Stadt, als Region wirklich zu verstehen und zu begreifen. Wie so oft, entsteht der Prozess des sich Wohlfühlens, des Geborgenseins nicht von selbst. Es kommt auf die Menschen an. Heimat ist letztlich das, was jeder daraus zu machen versteht. Und genau dabei schließt sich der Bogen zu Villingen-Schwenningen. Die Stadt, die so unterschiedlich ausgeprägt ist in ihren beiden Kernbereichen, wächst immer mehr zusammen. Die Grundlage für das Verständnis dieser Heimatregion haben Sie mit diesem Buch aufgeklappt. Interesse ist ein wichtiger Schritt. Machen Sie auch den zweiten und dritten. Stehen Sie für diese Heimat ein, weil Sie begreifen, dass sie als junges Gesamtbild namens Villingen-Schwenningen so schützenswert ist.

Die einstige Doppelstadt ist längst eins geworden. Das ist auch eine Frage von Generationsperspektiven. Jede Sichtweise hat dabei ihre Bedeutung und verdient unseren ganzen Respekt. Für die Zukunft kann es nur eine Richtung geben. Gemeinsamkeit macht stark. Villingen-Schwenningen war 1972 ein mutiges Konstrukt. Heute und in den kommenden Jahrzehnten braucht sie mutige Bürger. Die das weiter aufbauen, was begonnen wurde. Was historisch bedingt so einzigartig ist. Und daher jeden Einsatz verdient. Machen Sie mit, diese Stadt wird es Ihnen danken. Dieses Buch erweitert den Blick und bietet eine Wissensgrundlage, auf der echte Heimatliebe möglich ist.

Herzlichst

Ihr

Norbert Trippl
Leiter Südkurier-Redaktion Villingen-Schwenningen

Die Autorinnen

Eva-Maria Bast, Jahrgang 1978, arbeitet seit 1996 als Journalistin. 2011 gründete sie das Redaktionsbüro „Büro Bast & Thissen", das 2013 in „Bast Medien" überging. Sie initiierte und schreibt die Buchreihe *Geheimnisse der Heimat,* die 2011 startete, rasch zu einem regionalen Bestseller wurde und die 2019 in rund 70 Bänden vorliegt. Sie wurde für ihre Arbeit mehrfach ausgezeichnet, unter anderem erhielt sie mit dem Südkurier für die Geheimnisse den Deutschen Lokaljournalistenpreis der Konrad-Adenauer-Stiftung. Neben zwei Krimis liegt von ihr auch die vierbändige Mondjahre-Jahrhundertsaga vor. Unter dem Pseudonym Charlotte Jacobi schreibt sie gemeinsam mit Jørn Precht historische Romane für den Piper Verlag. Eva-Maria Bast ist Dozentin an der Hochschule der Medien in Stuttgart. Sie hat vier Kinder und lebt am Bodensee und in Würzburg.

Heike Thissen, Jahrgang 1980, ist seit 1999 im Journalismus zu Hause. Sie hat an der Universität Leipzig und der Universidad de Valencia Diplom-Journalistik und Amerikanistik studiert und bei der Tageszeitung Südkurier in Konstanz volontiert. Nach mehreren Jahren als Redakteurin beim Südkurier arbeitet sie seit 2010 als freie Journalistin für Zeitungen und Zeitschriften und als PR-Redakteurin für verschiedene Unternehmen. Seit 2011 geht sie von Konstanz aus regelmäßig zusammen mit Eva-Maria Bast auf Geheimnissuche in ganz Deutschland. Besonderen Spaß macht es ihr, für zweite Bände in Städte zurückzukehren und dabei noch tiefer in deren Geschichte und Geschichten einzutauchen.

01

Becken

Zange, Hammer und ein Hufeisen

Es hängt an einem prominenten Platz – und doch gehen die meisten Menschen achtlos an ihm vorüber: Die Rede ist von dem kleinen und offenbar sehr alten Steinbecken, das in die Wand neben dem Eingang zum Franziskanermuseum im ehemaligen Franziskanerkloster eingelassen ist. Heute wirkt es, weil ein Teil abgebrochen ist, eher wie eine Nische. Ortrud Jörg-Fuchs hat jedoch es einer genaueren Betrachtung unterzogen. Dabei fiel ihr auf, dass am oberen Rand des Beckens ein Hufeisen, ein Hammer und eine Zange eingemeißelt sind. Neugierig begann die Geschichtslehrerin zu recherchieren und fand heraus, dass sich neben der Kirche im Mittelalter die Begräbnisstätte der Schmiedegesellen befand. „Das Becken könnte also ein Weihwasserbecken gewesen sein. Man weiß auch, dass die Schmiede im Innern der Kirche einen Zunftaltar hatten", erzählt sie. Die Gesellen aller Handwerkszweige waren häufig in Bruderschaften organisiert. Im Mittelalter war es üblich, dass die Zünfte Altäre hatten, an denen sie für ihr eigenes und das Seelenheil ihrer Familien beten und ihren Heiligen anrufen konnten. Im Fall der Schmiede war das der heiligen Eulogius.

Die Zahl der Zünfte wechselte. In Villingen gab es bis Anfang des 16. Jahrhunderts zehn, seit Mitte des 16. Jahrhunderts neun Zünfte und die Müßiggängerzunft, in der sich die Patrizier organisierten. Wann genau sie sich gegründet hatten, sei unbekannt, sagt die Villingerin. „Man weiß aber, dass die Unterscheidung der Bürger in Handwerker und Müßiggänger Ende des 13. Jahrhunderts bekannt wurde." Aus dem Jahr 1324 ist eine Zunftverfassung bekannt, in der die Zünfte am Stadtregiment beteiligt wurden. Anschließend hätten die Zunftmeister sehr schnell einen Sitz im Rat der Stadt bekommen – und das sei ausgesprochen friedlich vonstatten gegangen: „Anders als in anderen Städten hört man in Villingen nichts von einer Zunftrevolution. Andernorts mussten die Zünfte für ihre Rechte kämpfen und es kam

Ortrud Jörg-Fuchs hat herausgefunden, was es mit diesem Becken auf sich hat.

zu großen Aufständen, mit denen sie sich ihre Teilnahme im Stadtregiment erkämpften. Davon ist hier nichts bekannt. Sie müssen relativ gut und einfach Zugang zur Macht bekommen haben."

Die Verantwortung der Zünfte sei sehr weitreichend gewesen, unterstreicht Ortrud Jörg-Fuchs. „Sie überstieg bei weitem das, was man heute mit dem Handwerk verbindet, also Ausbildung oder Qualitätsstandards." Die Zünfte hätten auch Preise festgelegt sowie die Menge, die produziert werden durfte. Und sie hatten noch weitere Aufgaben, die über das Handwerk hinausgingen. Ortrud Jörg-Fuchs nennt die Verteidigung der Stadt, die Betreuung von Altären in Kirchen und Hilfe für ihre in Not geratenen Mitglieder.

Hufeisen und Hammer sind am Becken eingeritzt.

Neben den Zünften gab es die Bruderschaften, in denen sich die Handwerksgesellen organisierten und die eine soziale Funktion hatten. „Sie kümmerten sich um ihre Mitglieder und deren Familien", sagt die Historikerin. „Wenn jemand starb, sammelten sie für sein Begräbnis und für die Hinterbliebenen."

Die Zünfte waren nach Berufsgruppen zusammengefasst. „Die Schmiede gehörten zur Berufsgruppe der Feuerwerker", sagt die Villingerin. Ebenso wie die Hafner und Kannengießer – all jene also, die zur Ausübung ihres Berufs ein Feuer benötigten. „Die größte Zunft war die Bauleutezunft." Zu ihr zählten nicht nur Zimmerleute, sondern auch Schreiner, Siebmacher, Orgelbauer, Drechsler, Wagner, Küfer, Bildhauer und Fuhrdienste. Außerdem gab es die Bäcker und Müller, die Tucher und Weber, die Wirte, die Metzger – zu denen auch Barbiere, Bader, Seiler und Scherer gehörten. Schließlich waren da noch die Krämerzunft, die Schuhmacherzunft und die Gerber- und Sattlerzunft. Die Weber erlangten im 14. Jahrhundert große Bedeutung.

Damals wurde das Villinger Tuch, ein durch eine bestimmte Web- und Färbart charakterisiertes Wolltuch, zum Exportschlager.

Zur Bauleutezunft gehörten auch die Ackerbürger (die Stadtbauern). Viele Bewohner Villingens waren Ackerbürger, um die Stadt und ihre Familien zu versorgen. „Villingen war eine Ackerbürgerstadt, das heißt, ein ganz großer Anteil der Bewohner betrieb Landwirtschaft. Das lief teilweise parallel zur Ausübung des Handwerks“, sagt Ortrud Jörg-Fuchs.

Übrigens: Der erste urkundlich erwähnte Handwerker in Villingen wird im Jahr 1291 genannt – und er war ein Schmied. Sifrido soll er geheißen haben. „23 Jahre vor dieser Nennung gab es in der Nähe des Franziskanerklosters wohl eine Bauschmiede“, sagt Ortrud Jörg-Fuchs. Der Historiker Jenisch schreibt, „dass man im Franziskanergarten in der Rietgasse bei Grabungen eine vollständig erhaltene Schmiedegrube gefunden hat, die man auf 1268 datiert hat.“ Wahrscheinlich, dass Sifrido also selbst am Kloster mitbaute, schließlich wurde die Kirche in den Jahren 1268 bis 1292 errichtet. Gut möglich, dass er auch einer der ersten Schmiede war, die hier bestattet wurden. Vielleicht hat er ja sogar das Weihebecken geschaffen und Hufeisen, Hammer und Zange eingemeißelt?

„Wenn jemand starb, sammelten sie für sein Begräbnis und für die Hinterbliebenen.“

Eva-Maria Bast

So geht's zum Becken:

Es befindet sich links des Eingangs zum Franziskanermuseum an der Wand. Das Museum steht in der Villinger Rietgasse 2.

Karl-Marx-Str.

Karl-Marx-Straße

Von roten Strümpfen und roten Schwenningern

Rote Strümpfe sind in Schwenningen bis heute vielfach zu sehen und zwar immer dann, wenn Frauen in der Tracht auftreten, die für die Stadt auf der Baar typisch ist. Das ist schon seit Jahrhunderten so. Eine politische Bedeutung haben die Accessoires nicht, sie schützen lediglich die Waden der Schwenningerinnen vor Kälte und vor unerwünschten Blicken. Dass ausgerechnet hier der rote Strumpf fester Bestandteil der traditionellen Bekleidung ist, passt hervorragend vor dem Hintergrund, dass viele Einwohner Schwenningens jahrzehntelang als „Rote" bezeichnet wurden. Damit war im 20. Jahrhundert aber nicht ihr Fußkleid, sondern ihre politische Gesinnung gemeint. Eines der Überbleibsel aus jener Zeit, dem kaum jemand Beachtung schenkt, ist die Karl-Marx-Straße.

„Ich bin mir sicher, dass die wenigsten Schwenninger wissen, dass wir uns damit von den meisten Städten im Westen der Bundesrepublik unterscheiden", sagt Siegfried Heinzmann, stellvertretender Vorsitzender des Schwenninger Heimatvereins. Während in Bundesländern mit ostdeutscher Vergangenheit immer noch mehrere Hundert Straßen und Plätze – die Rede ist von rund 550 – nach dem deutschen Philosophen, National-Ökonomen, Gesellschaftstheoretiker und Vordenker der Arbeiterbewegung benannt sind, sind es im Westen der Republik insgesamt nur noch um die 15, wie der Historiker Helmut Elstner einmal überschlagen hat. Dass eine davon ausgerechnet in der Stadt am Neckarursprung liegt, zeugt davon, dass sie sich über Jahrzehnte als Hochburg der Kommunisten und auch der Sozialdemokratie verstanden hat.

Anita Auer, Leiterin der Städtischen Museen, schreibt in einem Beitrag über die politische Gesinnung in Schwenningen, dass Rot als politische Kennfarbe seit der Jakobinermütze des 18. Jahrhunderts immer wieder revolutionären oder linken Gruppierungen zugeordnet

Siegfried Heinzmann hält den Namen der Karl-Marx-Straße in Schwenningen für berechtigt.

worden sei. „In Schwenningen waren jedoch nicht nur die Arbeitnehmer rot, sondern häufig auch ihre Arbeitgeber. Dies liegt daran, dass in bestimmten Phasen der Schwenninger Industrialisierung Arbeiter sich lieber als Kleinunternehmer selbstständig machten als unter dem Regime der Stechuhr einer Fabrik zu arbeiten", führt sie weiter aus. Mit zunehmendem wirtschaftlichen Erfolg hätten sie sich dann zwar eines gutbürgerlichen Habitus bedient, ihre politische Gesinnung aber beibehalten. Besonders deutlich wirkte sich das in den 1930er-Jahren und während der Diktatur der Nationalsozialisten aus: „Da die Kommunisten und Sozialdemokraten in den 1930er-Jahren die Mehrheit im Gemeinderat besaßen, gab es in Schwenningen viel Widerstand gegen die Machtübernahme der Nationalsozialisten und ihre Anhängerschaft war dort entsprechend gering", erklärt Anita Auer. Trotzdem erhielten viele Straßen in der Stadt in jener Zeit Bezeichnungen, die der nationalsozialistischen Ideologie zu Pass kamen.

Heimatforscher Heinzmann weiß aber, dass deren Tage mit Kriegsende sofort gezählt waren: „Schon kurz nachdem die französischen Truppen in Schwenningen einmarschiert waren, wurden in der Stadt alle Straßenschilder abgenommen, die an nationalsozialistische Politiker oder an französische Niederlagen in früheren Kriegen erinnerten." Ein Jahr später, am 4. April 1946, beschloss der Gemeinderat weitere Namensänderungen. Im Protokoll steht: „Es sind nun noch eine Reihe von Straßen nach Heerführern und ideologischen Vorläufern des Nationalsozialismus und extremen Militarismus (Bismarck und Hindenburg) benannt." Und weiter: „Nachdem heute die Folgen dieser Politik klar erkannt werden, ist keine besondere Ehrung durch Straßennamen mehr am Platz." Siegfried Heinzmann hat recherchiert, welche Straßen fortan anders bezeichnet wurden: „Unter anderem wurde aus der Gneisenaustraße die Pestalozzistraße, aus der Scharnhorststraße die Ernst-Thälmann-Straße und aus der Moltkestraße die Karl-Marx-Straße."

Doch es gab eine Zeit, da war die Namensnennung der Karl-Marx-Straße in Gefahr. Davon berichtete im März 1995 sogar die Wochenzeitung *Die Zeit*. Siegfried Heinzmann kann sich noch gut daran erinnern: „Da haben wir einen neuen konservativen Bürgermeister bekommen, der seinen sozialdemokratischen Vorgänger abgelöst hat.

Er wollte die Karl-Marx-Straße weghaben, warum auch immer." Doch daraus wurde nichts, die Anwohner protestierten und die Pläne verliefen im Sand. Der Schwenninger Bürgermeister war nicht der einzige, der anstelle der Karl-Marx-Straße gern einen anderen Namen gehabt hätte. Auch deutschlandweit ist die Umbenennung immer wieder ein Thema. So manchen – vor allem konservativen – Politikern ist die Bezeichnung nach dem Theoretiker des Sozialismus und Kommunismus als sozialistisches Erbe ein Dorn im Auge. Die Argumentation: Nach dem politischen und wirtschaftlichen Bankrott der DDR sei es nun an der Zeit, den „Ersatzheiligen des Kommunismus" aus dem Straßenbild zu entfernen.

„Die Karl-Marx-Straße hat in einer Stadt wie Schwenningen ihre geschichtliche Bedeutung."

Siegfried Heinzmann sieht das anders: „Die Karl-Marx-Straße hat in einer Stadt wie Schwenningen ihre geschichtliche Bedeutung." Marx (1818-1883) habe in seinem Buch „Das Kapital" vieles vorausgesehen, was durch die Industrialisierung für die neu entstehende Arbeiterschaft zu erwarten gewesen und was vielfach auch eingetreten sei. „Das hat mit dem, was sich Konservative heute unter Kommunismus vorstellen, wenig zu tun. Es ging Marx vor allem darum, die Verelendung der Lohnabhängigen zu verhindern sowie, ihre Teilhabe am von ihnen erzeugten Mehrwert zu gewährleisten, der ihnen ein besseres Leben ermöglichen sollte", fährt er fort. So gibt es die Karl-Marx-Straße auch heute noch und sie erinnert an die Zeiten, als die Roten das Sagen in der Stadt hatten. Und das war nicht unbedingt zu deren Nachteil.

Heike Thissen

So geht's zur Karl-Marx-Straße:

Die Karl-Marx-Straße in Schwenningen ist eine Verbindungsstraße zwischen Römerstraße und Heilbronner Straße.

In Zeiten seiner Entstehung galt der Bär am Wirtshaus als künstlerisches Kleinod.

03

Bärenschild

Revolution vom Stammtisch aus

Die Bärenfamilie, die hoch über der Villinger Straße entlang eines Stahlseils von einem Ende zum anderen trottet, ist längst zu einem der Wahrzeichen Schwenningens geworden. Die sechs Pelztiere erinnern an die alte Bärenbrauerei und an die traditionsreiche Geschichte des Unternehmens (siehe Villinger Geheimnisse – Band 1). Angesichts so viel Präsenz und Niedlichkeit ist es nicht weiter verwunderlich, dass ein weiterer Hinweis auf die Brauerei und ihr Gasthaus beinahe übersehen wird: das Wirtshausschild nämlich, das einen Bären zeigt, der sich mit einem großen Humpen das Bier in den Rachen schüttet. Michael Kopp, der nur wenige Meter von den vielen Bären entfernt wohnt und sich mit der Geschichte der Brauerei auseinandergesetzt hat, gehen bei seinem Anblick nicht nur Gedanken an Gemütlichkeit und Biergenuss durch den Kopf, sondern auch die an Revolution und großen Streit.

„Das Brauereigebäude selbst wurde 1797 erbaut, das Bärenschild ist aber wesentlich jünger und stammt aus den 1930er-Jahren“, sagt der Stadtkenner. Heute, erklärt er, werde es von kaum jemandem mehr beachtet. Doch zu der Zeit, als der trinkende Bär an der Fassade des Gasthauses angebracht wurde, sorgte er für große Bewunderung. So ist es einer Ausgabe des *Schwenninger Heimatblättles* aus jenen Jahren zu entnehmen: „Ein neues Schild am Brauerei-Ausschank ist fertiggestellt und angebracht worden, ein Stück Heimatkunst, das weit und breit seinesgleichen sucht.“ Autor Reinhold Flamm prognostiziert: „Dieses neue Kunstwerk wird weit über Schwenningen hinaus Beachtung finden. Heimat- und Kunstfreunde werden sich daran ergötzen und ihre stille Freude daran haben.“ Das neue Schwenninger Kunstwerk habe tiefste Bedeutung, denn endlich hätten Künstler und Handwerksmeister mit Hirn und Hand im Zeitalter des laufenden Bandes und der Massenherstellung aller Dinge wieder etwas geschaffen, das den Alltag weit überrage und unvergänglich sei. Als Kunstschmied August Fromm das Bärenschild ganz im Sinne der damals vorherrschenden nationalsozialistischen Kunstauffassung herstellte, lagen die Zeiten, in denen die Bärenbrauerei der Mittelpunkt revolutionärer Umbruchstimmung in Schwenningen war, bereits mehr als 100 Jahre zurück.

„Das Gasthaus spielte in der 1848er-Revolution eine wichtige Rolle“, erklärt Michael Kopp mit Blick auf das Schild. Denn hier war es, dass der liberale Uhrenfabrikant Johannes Bürk (1819-1872, siehe Geheimnis 34) sich mit seinen Mitstreitern traf, und in Schwenningen die Revolution anzettelte. „Natürlich spielte das Dorf in der 1848er-Revolution keine wichtige Rolle, es lag ja in Württemberg, nicht in Baden. Aber trotzdem gelang es Bürk und seinen Unterstützern, im Zuge dieser Bewegung auch hier am Neckarursprung so einige seit Jahrzehnten eingefahrene Strukturen zu durchbrechen“, ordnet der Schwenninger die Bedeutung ein. Bereits in den Jahren vor 1848 war Bürk mit seinen Bestrebungen zur Reform der Gemeindeverwaltung bei der Schwenninger „Bauernaristokratie“ angeeckt, was ihm Verleumdungen und Untersuchungshaft eingetragen hatte.

Vor dem Hintergrund der Hungersnot von 1846 und 1847, ausgelöst durch die verheerenden Folgen der Kartoffelkrankheit, nahmen auch in Schwenningen die Spannungen zwischen Arm und Reich, „Oben“ und „Unten“ zu. Auf der einen Seite standen die alteingesessenen Bauern mit ihren großen Besitztümern, auf der anderen Seite die eher freiheitlich gesinnten Handwerker, Gewerbetreibenden und Tagelöhner. Doch die württembergischen Schwenninger gingen anders mit der bedrohlichen Situation um als die Badener. Historikerin Monika Spicker-Beck schreibt in einem Beitrag über das Dorf im Königreich Württemberg: „Als im badischen Villingen zum 14. März 1848 eine große Menge Menschen zu einer Volksversammlung erwartet wurde, versammelten sich Gemeinderat und Bürgerausschuss in Schwenningen und beschlossen, eine ‚Sicherheitswache von Freiwilligen zu errichten‘.“ Offenbar – so schlussfolgert die Autorin – hatte man Besorgnis, dass die revolutionäre Stimmung im Nachbarort nach Schwenningen überschwappen könnte. „Dabei wurde in Württemberg durch eine gezielte Reformpolitik schon viel Druck aus dem revolutionären Kessel genommen“, fährt Monika Spicker-Beck fort.

Michael Kopp steht in der Villinger Straße am Gasthaus Bären.

Michael Kopp greift diesen Gedanken auf: „Schwenningen ist dafür ein gutes Beispiel, denn auch hier hat sich schnell was getan, ganz konkret am 27. März 1848.“ An jenem Tag nämlich trafen sich im Gasthaus Bären 23 Handwerker – unter ihnen Johannes Bürk und viele andere Uhrmacher – und unterschrieben eine Resolution, in der sie den Rücktritt der „noch in ihrer Stellung verharrenden Herren“ forderten. Gemeint waren die Gemeinderatsmitglieder, die in jenen Jahren auf Lebenszeit ihr Amt bekleideten, ausnahmslos alt eingesessene Schwenninger Bauern, die fortschrittlichen Gedanken gegenüber eher wenig aufgeschlossen waren. „Bürk hatte schon lange mit der Situation gehadert, weil sie für ihn und die anderen Uhrenfabrikanten bedeutete, dass sie keinerlei Einfluss auf das Schicksal des Dorfes nehmen konnten", erklärt Michael Kopp. Bürk sprach im Hinblick auf den Gemeinderat von „Schlafsucht", er sehnte sich nach der überall herrschenden Aufbruchsstimmung, der „Morgendämmerung der Freiheit", die er auf seinen Reisen kennengelernt hatte.

Als sich Schwenninger Bürger einen Monat später Zutritt zum Rathaus verschaffen wollten, kam es zu einer Schlägerei. Bürk hatte bereits geahnt, dass sich der Frust der Revolutionsanhänger gewaltsam Bahn brechen könnte, und hatte ein Reiterregiment unter Führung seines Bruders angefordert, um ein Blutvergießen zu verhindern. „Daraufhin stürmten sie das Rathaus, setzten Neuwahlen durch und konnten erreichen, dass zumindest fünf Gemeinderatssitze schon mal neu besetzt wurden", sagt der Stadtkenner. 1849 wurde Bürk selbst in das Gremium gewählt und außerdem zu dessen Ratsschreiber benannt. „Das war ein großer demokratischer Fortschritt, denn plötzlich waren auch modern denkende Entscheidungsträger im Gemeinderat vertreten und das war wichtig für die Entwicklung Schwenningens", ordnet Kopp ein. Württemberg zog im Juli 1848 nach, wie Monika Spicker-Beck schreibt: „Noch im gleichen Monat wurde in Württemberg eine Reihe von Gesetzen erlassen, die die Märzforderungen zum Teil erfüllte. Darunter war ein Gesetz zur Gemeindeneuordnung, das die Gemeinderatswahlen neu regelte."

Heute geht es unter dem Bärenschild in der Villinger Straße freilich wesentlich ruhiger zu als an selber Stelle vor rund 200 Jahren. Aber für Michael Kopp weht der Wind der Geschichte noch immer durch die reich verzierte Schmiedearbeit von August Fromm.

Heike Thissen

So geht's zum Bärenschild:

Das Bärenschild hängt in Schwenningen am Gasthaus in der Villinger Straße. Die offizielle Adresse ist die Alleenstraße 2.

Türmchen

Wo beinahe der Westbahnhof gestanden hätte

Wer in Villingen im Stadtviertel „Westbahnhof" unterwegs ist, sucht vergebens nach Gleisen oder gar einem Bahnhof. Denn beides hat es hier nie gegeben. Und dennoch gibt es noch heute Villinger – vor allem ältere Semester – die für das Gebiet zwischen Schillerstraße, Kirnacher Straße, Vöhrenbacher Straße und Scheffelstraße diesen Namen verwenden. Einer davon ist der Architekt Konrad Flöß, der in der Vöhrenbacher Straße lebt und arbeitet.

„Nachdem 1835 die ersten Züge zwischen Nürnberg und Fürth gefahren waren, wollten auch die Schwarzwälder Anschluss an das sich ständig ausweitende Liniennetz haben", sagt der gebürtige Villinger. Also begannen Planungen zur Erschließung und zur Überwindung des Schwarzwalds von Offenburg im Rheintal bis nach Konstanz am Bodensee. „Das war gar nicht so einfach, weil es die föderale Struktur Deutschlands notwendig machte, dass Landesgrenzen nicht überschritten wurden", konkretisiert er. Die Villinger schickten mehrere Bittschriften an den Großherzog nach Karlsruhe, er möge sich doch ihrer Sache annehmen. „Jahre sandte man Eingaben und Deputationen an die zuständigen Ministerien in Karlsruhe, setzte den Landtag über diese für die Stadt so lebenswichtige Entwicklung in Kenntnis und sprach auch persönlich beim Großherzog vor", schreibt Lambert Hermle in einem Artikel für den Villinger Geschichts- und Heimatverein über den Westbahnhof. Vor allem der Apotheker und Landtagsabgeordnete Ludwig Kirsner (1810-1876) aus Donaueschingen setzte sich für die Bahnerschließung ein. 1860 waren die Villinger bereits so weit, dass sie einen konkreten Plan mitschicken konnten. „Dieser sah die Trassenführung im Westen der Stadt vor und plante den Standort des Bahnhofs vor dem Riettor", erklärt Flöß.

Doch was hat das alles mit dem Türmchen auf dem so genannten Hollerithgebäude zu tun? Konrad Flöß kennt die Antwort auf diese

Das Türmchen erinnert an das Gasthaus „Engel", in dem im 19. Jahrhundert der Westbahnhof eingerichtet werden sollte.

Frage: „Der Grund für die Wahl des vorgeschlagenen Standorts war vermutlich das zu jener Zeit bereits gut etablierte Gasthaus Engel gewesen, das sich als Rast- und Übernachtungsmöglichkeit für Zugreisende ideal angeboten hätte. Und dieses befand sich genau in jenem Gründerzeitbau mit dem hübschen Türmchen und dem auffälligen Erker". Anders als damals ist inzwischen nur noch die denkmalgeschützte Fassade mit Jugendstilelementen erhalten. Das Haus, wie es heute zu sehen ist, wurde 1905 erbaut. Damals war es als Vereinslokal mit großem Theatersaal – der späteren Jahnturnhalle – ein beliebter Treffpunkt der Villinger. Seinen noch heute gängigen Namen erhielt das Gebäude zwischen 1918 und dem Ende der 1920er-Jahre, als die Maschinenfabrik Hollerith hier ihren Sitz hatte, eine Vorgängerin der IBM-Deutschland.

Konrad Flöß ist im Viertel „Westbahnhof" aufgewachsen und lebt auch heute noch dort.

Als am 31. Oktober 1873 die erste Eisenbahn in Villingen freudig begrüßt wurde, hielt diese nicht an einem Bahnhof im Westen, sondern im Osten der Stadt – nämlich dort, wo noch heute die Züge der Schwarzwaldbahn und anderer Strecken ein- und abfahren. Was war geschehen? „Es wurde dann doch für sinnvoller erachtet, die Gleise entlang der Brigach zu führen", weiß Flöß. Der Bahnhof im Westen der Stadt wurde nie gebaut. Und doch hat sich sein Name mehr als 150 Jahre lang gehalten. Es war unter anderem sein Vater, der zusammen mit anderen umtriebigen Bewohnern des Viertels in den 1930er- bis 1950er-Jahren den Namen „Westbahnhof" vor allem zur Fasnet und zu Fronleichnam hochhielt. „Mein Vater war Zimmermeister wie ich und hat beeindruckende Wagengruppen zum Thema Westbahnhof gebaut und damit die Umzüge der Villinger Fasnet bereichert", erinnert sich Flöß junior. Themen wie „Eröffnung der Fluglinie Konstanz-Villingen-Mannheim" im Jahr 1930 oder „Oktoberfest am Westbahnhof" im Jahr 1934 gehören zu jenen, an die sich viele Villinger noch Jahre und Jahrzehnte später erinnerten. „Und zu Fronleichnam war immer klar: Der ‚Westbahnhof' macht den Altar in der Benediktinerkirche. Da wusste jeder, was er zu tun hatte, das war ein eingespieltes Team." Doch diese Zeiten sind vorbei. „Je älter wir werden, umso weniger Menschen wissen mit dem Begriff etwas anzufangen", weiß Konrad Flöß aus Erfahrung. Aktivitäten wie die, die sein Vater und die anderen Handwerker des Viertels vor vielen Jahrzehnten auf die Beine stellten, gibt es nicht mehr. „Der Name wird in absehbarer Zeit aussterben", befürchtet der Architekt. Dann wird auch die letzte Erinnerung an einen Bahnhof, den es nie gegeben hat, aus der Stadt verschwunden sein.

„Je älter wir werden, umso weniger Menschen wissen mit dem Begriff etwas anzufangen."

Heike Thissen

So geht's zum Türmchen:

Das ehemalige Wirtshaus Engel mit dem Türmchen steht in der Vöhrenbacher Straße 4 in Villingen.

Eberhard Härle vor dem Denkmal für Oberförster Hubert Ganter.

05

Denkmal

Erinnerung an einen großen Mann des Waldes

„Alles, was wir hier sehen“, sagt Eberhard Härle und macht eine weitausholende Bewegung, „alles, was wir hier sehen, haben wir ihm zu verdanken.“ Die weitverzweigten, durchdacht angelegten Spazierwege. Den Wald. Das Erholungsgebiet. „Er“, das ist Oberförster Hubert Ganter (1848-1895) und im Herzen seines Werkes, an einem besonders idyllischen Ort, da, wo Brigach und Kirnach zusammenfließen, hat man ihm ein Denkmal gesetzt. Das wurde im Jahr 1896 aufgestellt, ein Jahr nach seinem Tod.

Hubert Ganter ist die Liebe zum Wald sozusagen in die Wiege gelegt worden. Der Vater ist Förster, der Opa auch und der junge Hubert tritt in ihrer beider Fußstapfen: Nach dem Besuch des Gymnasiums studiert er in Karlsruhe Forstwirtschaft – dann führt ihn sein

Weg nach Villingen. Zunächst ist er hier nur als Forstassessor tätig, wenig später als Forstamtsleiter. Und Ganter hat viel, sehr viel, vor. Autor Ulrich Rodenwaldt schreibt in einem Aufsatz über den wichtigen Villinger Förster: „Und nun ging er ans Werk, mit einer – nachträglich besehen – Klarheit, Zielsicherheit und Tatkraft, aber auch mit harter Rücksichtslosigkeit." Dabei habe er sich weder von der vorgesetzten forstlichen Behörde, noch vom Bürgermeister oder Gemeinderat „in seinem ungestümen Streben, bald etwas zu schaffen", beeinträchtigen lassen. Er „überschritt jährlich ohne Bedenken die ihm zur Verfügung stehenden Haushaltsmittel und kümmerte sich weder um einen Verweis („z. d. A.") noch um vielfältige Kritik oder Verwarnungen seiner städtischen Vorgesetzten. So mußte es in seiner ganzen Dienstzeit ständig zu Auseinandersetzungen mit seinen Oberen kommen. Er muß ein sehr unbequemer Untergebener gewesen sein."

Unbequem, aber zielstrebig – und Ganters Ziele sind groß: Zum Höhenluftkurort will er Villingen machen und den Wald näher an die Stadt heranbringen.

Auch Roland Brauner, seines Zeichens stellvertretender Forstamtsleiter, hat sich ausführlich mit Hubert Ganter beschäftigt. Wie auch seinem Kollegen Eberhard Härle ist ihm der Oberförster ein Vorbild und er empfindet tiefe Bewunderung für ihn. „Zwischen dem Wald und der Stadt gab es damals eine große Freifläche, die Feld-Allmend", beginnt er zu erzählen. „Sie befand sich in städtischem Besitz, dort weidete das Vieh der Ackerbürger." Waren es im Mittelalter noch rund Tausend Tiere gewesen, gingen die Zahlen immer weiter zurück. „Im 19. Jahrhundert belief es sich dann nur noch auf relativ wenige", sagt Brauner. „Und das führte in Villingen zu einem ziemlichen Streit: Denn die einen wollten die Ackerflächen weiter landwirtschaftlich nutzen, die anderen forderten, dass jeder Bürger eine Parzelle erhalten sollte." Und dann gab es eben noch eine dritte Nutzungsidee. Die kam von Ganter und sah vor, etwa 400 Hektar der Fläche aufzuforsten. „Es war nicht einfach, er bekam viel Gegenwind und musste sich teilweise auch Beschimpfungen gefallen lassen, aber letzten Endes setzte er sich durch", erzählt Brauner weiter. Ulrich Rodenwaldt schreibt: „Jetzt entstanden in kurzer Zeit, vom Wald ausgehend (Distrikt Neuhäuslewald), die stadtnahen Abteilungen, meist noch mit vorspringenden

Zungen in Richtung Stadt." Die Villinger konnten nun „durch den heranwachsenden Wald in den Wald nach den Vorstellungen Ganters spazieren gehen oder wandern".

Eberhard Härle, der ehemalige Forstamtschef, betont noch etwas anderes: „Es war ihm auch sehr wichtig, im Wald ein richtiges Netz von Spazierwegen anzulegen, auf denen die Leute bequem die besonderen Stellen des Stadtwaldes erreichen sollten." Beim Gemeinderat sei er mit seinen Plänen aber auf wenig Gegenliebe gestoßen. Für solche Spielereien sei nun wirklich kein Geld da, beschied man ihm. Doch Ganter wäre nicht Ganter gewesen, wenn er sich davon hätte abschrecken lassen. „Er rief ganz einfach den Verschönerungsverein ins Leben", sagt Härle, „und er hatte auch schnell viele Mitglieder – namhafte und prominente Bürger." Sie warben für die Ideen des Oberförsters – sowohl im Gemeinderat als auch in der Bevölkerung – und sammelten Geld. Der Verschönerungsverein finanzierte den Wegebau und damit war auch dieses Ziel Ganters erreicht. „Doch wer denkt, Ganter hätte sich nun auf seinen Lorbeeren ausgeruht, irrt", schmunzelt Roland Brauner. „Er initiierte den Bau des Waldhotels, das vor dem Ersten Weltkrieg das bedeutendste Hotel im Schwarzwald war." Außerdem sorgte er dafür, dass ein Aussichtsturm gebaut wurde, von dem aus sowohl die ganze Waldespracht, als auch das schöne Villingen zu sehen war (siehe Geheimnis 25). Und nicht zuletzt begleitete er die ersten Ausgrabungen am Magdalenenberg (siehe Geheimnis 29).

Das Oberförster-Ganter-Denkmal wurde im Jahr 1896 aufgestellt.

Doch es gab auch einen Feind, den Ganter nicht besiegen konnte: Ein Schlaganfall zwang den so patenten und lebensfrohen Mann in die Knie. Er starb am 21. Juni 1895 und ganz Villingen trug Trauer.

Im Folgejahr wurde der Gedenkstein enthüllt, in seinem Wald, an seinem Weg, an einem Ort, den er ganz besonders liebte. Unzählige waren zu dem feierlichen Anlass erschienen, der Sängerbund intonierte „Über allen Wipfeln ist Ruh", die Zeitung berichtete: „Der Vorsitzende des Verschönerungs-Vereins schilderte in bewegten Worten die Verdienste des vor einem Jahr in der Blütezeit seines Schaffens jäh vom Tode Ereilten, des Mannes, der weit über die Grenzen seines pflichtgemäßen Berufes hinaus seine Tätigkeit auf das allgemeine soziale Gebiet erstreckte, indem er die an Geist und Gemüt leidende Menschheit unermüdlich auf die Heilwirkung, die uns der Wald in seiner Schönheit, Stille und seinem Duft erschließt, hinwies."

„Es war nicht einfach, er bekam viel Gegenwind und musste sich teilweise auch Beschimpfungen gefallen lassen, aber letzten Endes setzte er sich durch."

Auch Bürgermeister Heinrich Osiander erwies seinem Oberförster, mit dem er sich oft, so oft, gestritten hatte, die letzte Ehre: „Unbeirrt um Widerstände setzte er den Bau der langen Fluchten von Holzabfuhrwegen im städtischen Wald durch und hob damit die Wirtschaftlichkeit des Waldes. Was ihm einst spätere Generationen zum Verdienst anrechnen, mußte er nur zu oft den sparsamen Gemeindekollegien mühsam abringen", sagte das Stadtoberhaupt. Und: „Er starb zu früh, um alle noch vorgefaßten Pläne in Erfüllung gehen zu sehen, zu früh, um noch die Erstellung eines Kurhauses erleben zu dürfen, zu früh für Villingen!"

Sein Erbe schenkte Generationen von Villingern und ihren Gästen Erholung – im tiefen, grünen Wald.

Eva-Maria Bast

So geht's zum Denkmal:

Es steht am Beginn des Römer-Weges dort, wo Brigach und Kirnach zusammenfließen.

Siegfried Heinzmann geht an den Befestigungssteinen nicht achtlos vorbei. Im Gegenteil!

06

Befestigungssteine

Mit der Salzstraße runter von badischem Boden

Es sind gleich zwei Dinge, die an dieser unbefestigten Straße mitten im Wald zwischen Schwenningen und Deißlingen sonderbar sind: Zum einen ist sie wesentlich breiter, als ein gewöhnlicher Waldwirtschaftsweg. Zum anderen finden sich an ihrem Rand immer wieder steinerne Quader, die im Abstand von wenigen Metern in den Boden eingelassen sind. Für beides hat Heimatkenner Siegfried Heinzmann eine Erklärung: „Was heute ein unscheinbarer Waldweg ist, war eine Zeit lang eine sehr wichtige Verbindungsstraße zwischen Schwenningen und dem restlichen Württemberg. Deshalb ist er so breit. Und mit den Befestigungssteinen versuchte man zu vermeiden, dass umstürzende Fuhrwerke ihre wertvolle Ladung den Hang hinunter kippten.“ Die wertvolle Ladung, von der der Schwenninger spricht, war nichts Geringeres als weißes Gold, nämlich Salz.

„Die einzige Straße, die Anfang des 19. Jahrhunderts über Schwenninger Gebiet führte, war die Römerstraße. Sie verlief von der Schweiz über den Schwarzwald nach Hüfingen und von dort nach Schwenningen und weiter nach Rottweil", erklärt Siegfried Heinzmann. Das württembergische Schwenningen war fast vollständig vom badischen „Ausland" eingeschlossen. Damit konnten die Menschen diesseits und jenseits der Grenze eigentlich ganz gut leben. So lange, bis in Schwenningen die Saline Wilhelmshall eröffnete.

Dass die Württemberger überhaupt auf die Idee kamen, in Schwenningen nach Salz zu suchen, verdankten sie den Badenern. Weil im benachbarten Bad Dürrheim 1821 das weiße Gold gefunden worden war, lag die Vermutung nahe, dass sich das unterirdische Salzvorkommen nicht an eine Landesgrenze hielt und sich somit auch jenseits von ihr ausbreitete. Und tatsächlich: Im Frühjahr 1822 fanden in Schwenningen die ersten Bohrarbeiten statt, am 26. Juli 1823 stießen die Bergleute im Gewann „Hilben" in 162 Metern Tiefe auf ein Steinsalzlager. „Erste Anweisungen zum Bau der Saline Wilhelmshall bei Schwenningen erließ das königliche Finanzministerium am 17. Januar 1824", erklärt der Schwenningen-Kenner. Die neue Saline bestand aus zwei Solebehältern, vier Siedhäusern, einem Salzmagazin, Werkstätten und Wohnungen. Zunächst wurde die Sole von Hand heraufgepumpt, später dann mit Pferdekraft. Vom Solebrunnen führte eine knapp drei Kilometer lange Deichelleitung mit 15 Metern Gefälle zu den Solebehältern, von wo die Sole in die Wärme- und Siedepfannen gelangte. In regelmäßigen Abständen wurde das ausgefallene Salz abgezogen und in den Dörrstuben getrocknet und verpackt.

Das Schwenninger Geschäft mit dem Salz brummte, was den Badenern nicht entging. Also kam es zum sogenannten Salzkrieg. „Die Dürrheimer Salinenbetreiber waren ziemlich erbost über die württembergischen Konkurrenten. Die Schwenninger hatten nämlich auf dem Schweizer Markt die Nase vorn und darüber hinaus einige Zeit keinen Zoll bezahlt, obwohl sie zum Transport nach Rottweil die Römerstraße nutzten, die bei Dauchingen am Schopfelenbühl wenige Hundert Meter über badisches Gebiet führte", erklärt Heinzmann die Hintergründe. Also verpflichtete das Großherzoglich Badische Bezirksamt in Villingen den Dauchinger Vogt, die Römerstraße mit breiten Gräben zu durchbrechen. „Von da an war die Straße von beiden Seiten nicht mehr passierbar, der Verkehr zwischen Schwennigen und Rottweil war lahmgelegt“, schildert der Schwenninger die Konsequenzen.

Den Schwenninger Salinenbetreibern blieb also nichts anderes übrig, als eine neue Straße zu bauen, die badisches Gebiet komplett aussparte. „Und hier kommt die Salzstraße im Wald zwischen Schwenningen und Deißlingen ins Spiel“, sagt Siegfried Heinzmann schmunzelnd. Jedoch dürfe man sich unter dieser Straße nicht allzu viel vorstellen: „Diese Verkehrswege hatten keinen besonders stabilen Unterbau und waren deshalb nicht frostsicher. Bei starkem Regen oder Schneefällen verschlammten sie sehr schnell und waren damit vor allem für den Schwerlastverkehr wie die Salztransporte nur bedingt geeignet.“

Entlang des Weges stehen am Hang immer wieder Steinquader im Boden. Ihre Funktion will sich nicht so recht erschließen.

Trotzdem entstand 1825 unter Umgehung des Dauchinger – und damit badischen – Gebiets die Salzstraße. Sie verlief weitgehend auf der Strecke der späteren, inzwischen alten, B27 und stieg unterhalb Mühlhausens langsam an, verlief dann steil hinauf auf den zum württembergischen Weigheim gehörenden Bettenberg und dann auf der anderen Seite wieder hinab Richtung Deißlingen – unter vollständiger Umgehung von badischem Grund und Boden. Vor allem auf dem steilen Wegstück am Bettenberg kam es immer wieder zu schweren Unfällen, weil die zum Teil sechsfach bespannten Wagen der „Salzer“ mit ihren tonnenschweren Salzfässern zur Seite wegkippten und im Straßengraben landeten.

„Also hat man am Wegesrand die noch heute sichtbaren Befestigungssteine in den Boden eingelassen, um den Absturz zu vermeiden", sagt Heinzmann.

Heute weiß kaum noch jemand, von welch großer Bedeutung die Saline einst für Schwenningen war. Doch tatsächlich war sie der erste großangelegte Betrieb, der lohnabhängige Arbeiter beschäftigte. „Gutes Geld verdienten auch die Salz- und Holzfuhrwerksleute, die Handwerker, die Holzhauer, Straßenwarte, Wagenbauer, Schmiede, Sattler und Torfstecher, die das Brennmaterial für die Siedepfannen bereitstellten", erklärt Heinzmann ihre Bedeutung für die Schwenninger. In der Zeit ihres Bestehens wurden der Saline Willhelmshall mehr als drei Millionen Zentner Salz entnommen, wovon nur 105.000 Tonnen auf Viehsalz, der Rest auf Kochsalz entfielen. „Als sie 1865 ihren Betrieb einstellte, war das zunächst ein schwerer Schlag für viele Familien im Ort", sagt Siegfried Heinzmann. Doch Rettung für die Stadt war schon in Sicht: Zehn Jahre zuvor hatte Johannes Bürk die erste Schwenninger Uhrenfabrik gegründet. Doch das ist eine Geschichte, die wir auf Seite 126 erzählen.

„Also hat man am Wegesrand die noch heute sichtbaren Befestigungssteine in den Boden eingelassen, um das Umkippen und vor allem den Absturz zu vermeiden."

Heike Thissen

So geht's zu den Befestigungssteinen:

Die Befestigungssteine sind am Rand des Waldweges zu sehen, der von der alten B27 abzweigt und über den Bettenberg hinauf Richtung Mühlhausen führt.

HN

07

Waage

Himmel oder Hölle?

Stolz, groß und aufrecht steht der heilige Michael am Rand des Reliefs. In der rechten Hand hält er ein Schwert, das er weit nach oben über den Kopf streckt. Und in seiner Linken baumelt eine Waage. In der Waagschale, die offenbar schwerer wiegt und fast den Boden berührt, sitzt ein frommer, betender Mensch. In der anderen ein kleines, finster dreinblickendes Teufelchen. Die Historikerin Ortrud Jörg-Fuchs kennt sich mit der christlichen Ikonographie sehr gut aus und weiß: „Der heilige Michael wird ja immer als der Seelenwäger bezeichnet." Er spielt also eine Rolle im sogenannten Partikulargericht. Im Glauben der Römisch-Katholischen Kirche werden unmittelbar nach dem Tod die guten und schlechten Taten eines Menschen gegeneinander aufgewogen, dann wird über das Schicksal der Seele entschieden. Das Partikulargericht ist aber nicht zu verwechseln mit dem Jüngsten Gericht. Das kommt erst danach: Ein doppeltes Gericht müsse der Mensch allein schon deshalb erdulden, weil er sowohl als Einzelner, als auch als Teil eines Ganzen, nämlich aller Menschen, vor Gericht stehe, begründet Kirchenlehrer Thomas von Aquin (1225-1274) in seiner *Summa theologica*. Und im *Katechismus* der Katholischen Kirche steht geschrieben: „Jeder Mensch empfängt im Moment des Todes in seiner unsterblichen Seele die ewige Vergeltung. Dies geschieht in einem besonderen Gericht, das sein Leben auf Christus bezieht – entweder durch eine Läuterung hindurch oder indem er unmittelbar in die himmlische Seligkeit eintritt oder indem er sich selbst sogleich für immer verdammt."

Papst Benedikt XII. (um1285-1342) lässt in seiner Bulle *Benedictus Deus von 1336* keinen Zweifel daran, was die Sünder in der Hölle erwartet. Diese Seelen würden „gleich nach ihrem Tod in die Unterwelt hinabsteigen, wo sie mit den Qualen der Hölle gepeinigt werden".

Ein Teufelchen und ein Betender in der Seelenwaage.

Und dem Erzengel Michael, dem Bezwinger des Satans, obliegt es eben, nach dem Tod eines Menschen ein Verzeichnis der guten und schlechten Taten zu führen und es dem Jüngsten Gericht vorzulegen. „In der christlichen Ikonographie wird das mit der Seelenwaage zum Ausdruck gebracht, mit der er Gut und Böse abwägt", erklärt die Gästeführerin. „Die Seelenwaage ist eines seiner Attribute."

In der Waagschale sitzt das Teufelchen oben.

Warum aber sitzt der Betende nahe des Bodens – also in Richtung der Hölle – und der Teufel oben – in Richtung des Himmels? Ist das nicht genau verkehrt herum? Eine mögliche Antwort findet sich bei der Staatsgalerie Stuttgart zu Lucas Cranachs (1472-1553) Werk *Der Heilige Michael als Seelenwäger*: „In der einen Waagschale sitzt die Seele eines Verstorbenen, dargestellt als kleiner nackter Mensch, in der anderen drängen sich höllische Ungeheuer. Die Waage neigt sich zugunsten der Seele – so dient das Bild als Ausdruck des Wunsches nach Errettung."
Irgendwie logisch.

Eva-Maria Bast

So geht's zur Waage:

Sie befindet sich im unteren rechten Eck des Wappens am Abt-Gaisser-Haus, Schulgasse 23, in Villingen.

Franz Kleinbölting steht in der Gerberstraße, dem Herzen des „Krawazi".

08

Krawazi

Wo einst Krawatten tragende Kroaten wohnten

Wo „s'Krawazi" zu finden ist, wissen die meisten Villinger: Damit bezeichnen sie das Viertel, das sich links und rechts der heutigen Gerberstraße erstreckt. Doch die wenigsten von ihnen können erklären, warum dieser Teil der Stadt so heißt. Bei Stadtführer Franz Kleinbölting ist das anders. „Das ist ein alter Name, der Ende des 18. Jahrhunderts entstanden ist", erläutert er, „er erinnert an die Kroaten, die einst hier wohnten."

Kleinbölting holt ein wenig weiter aus: Als 1792 die Napoleonischen Kriege (1792-1815) begannen, befand sich Frankreich im Kampf mit mehreren europäischen Großmächten, die die Revolution ablehnten. Dazu gehörten in erster Linie Österreich und Preußen, denen sich Nationen wie Russland, Holland, Spanien, Portugal und England anschlossen. Während die Franzosen sich unter ihrem Feldherren Napoleon Bonaparte (1769-1821) zunächst nur verteidigten, gingen sie bald dazu über, die Revolution und ihre Folgen aufs europäische Festland auszuweiten.

„Villingen war von dieser Auseinandersetzung natürlich auch betroffen, denn es gehörte damals noch zu Vorderösterreich", konstatiert Franz Kleinbölting. Zur Verteidigung gegen das französische Heer schickten die Habsburger ihre Regimenter unter anderem in die Stadt an der Brigach. „Auf ihrer Seite kämpften auch kroatische Söldner, die im Zuge der Napoleonischen Kriege bis hier zu uns kamen", weiß der gebürtige Villinger. Heimatforscher Paul Revellio beschreibt diese Zeit um 1800 in seinen Beiträgen zur Geschichte der Stadt Villingen so: „Von sehr vielen Durchmärschen und Einquartierungen, Infanterie und Kavallerie, wurden wir heimgesucht. Wir sahen Böhmen und Ungarn und sogar zum erstenmal Kroaten, sogenannte Rotmäntle". Dass man die Männer vor allem rund um die Gerberstraße unterbrachte, lag daran, dass hier Wohnraum zur Verfügung stand. „Das war natürlich wegen des Gestanks aus den Gerbereien keine bevorzugte Wohngegend", ordnet Kleinbölting den Beliebtheitsgrad des Viertels ein.

Die Historiker Michael Hütt und Peter Graßmann erklären in einem Beitrag über reale und fiktive Begegnungen im barocken Villingen: „Die habsburgischen Kroaten waren im 17. und 18. Jahrhundert als Grenztruppen gegen die Osmanen rekrutiert worden und wurden später zur Verteidigung gegen französische Truppen an die Westgrenze des Reiches gerufen." Dass sie Ende des 18. Jahrhunderts auch in Villingen ihr Lager aufschlugen, sei zeitgenössischen Berichten zu entnehmen. Gründe, das Viertel, in dem die Soldaten untergebracht waren, „Krawazi" zu nennen, hatten die Villinger gleich mehrere. So könnte der Name nicht nur als Anlehnung an die Kroaten und ihr Heimatland verstanden werden, sondern auch als Hinweis auf ein Accessoire, das diese häufig bei sich trugen.

Hütt und Graßmann merken an, dass die Begriffe „Kravatten" oder „Krabatten" häufig als zeitgenössische Bezeichnungen für kroatische Soldaten zu finden seien. „Etymologische Spuren haben sie zum Beispiel in der ‚Krawatte', die auf das rote Halstuch der kroatischen Reiter zurückgeht, und in der sorbischen Sagengestalt „Krabat" hinterlassen", erklären die Autoren. Wenn es nach den Gebrüdern Grimm geht, wurden sogar unerzogene Kinder „Krabatten" genannt. „Die Bezeichnung darf man durchaus als Spottnamen verstehen. Und auch, dass sie im Gerberviertel wohnen mussten, zeigt, dass sie bei den Villingern anscheinend nicht sonderlich hoch angesehen waren", überlegt Franz Kleinbölting. Paul Revellio übernimmt aus einer älteren Chronik von Josef Merkle sogar, dass die Kroaten „ihrer Gefährlichkeit und ihrer Unreinlichkeit wegen in den unteren Teil der Gerbergasse" einquartiert worden seien, weil sie dort „nicht viel Schaden anrichten konnten".

„Das ist ein alter Name, der Ende des 18. Jahrhunderts entstanden ist."

Die kroatischen Söldner haben die Stadt längst verlassen. Ihr Name aber ist geblieben. Und so sprechen die Villinger noch heute vom Krawazi. Doch während die Bezeichnung vor mehr als 200 Jahren spottend verwendet wurde, klingt sie heute aus dem Mund von einem gebürtigen Villinger wie Franz Kleinbölting beinahe zärtlich.

Heike Thissen

So geht's zum Krawazi:

Als „Krawazi" bezeichnen die Villinger das ehemalige Gerberviertel, das sich vor allem entlang der Gerbergasse erstreckte.

DAS KREUZ
AM WEG
LEBENSWEG
DIE RICHTIGE
ANTWORT
IST WICHTIG

Kreuzwegstele

Das Bemühen, sich in Christi zu versenken

Der Soldat stößt seine Lanze in den Leib Jesu. Auch Johannes und Maria Magdalena sind zu sehen. Dazu ein Text: *Das Kreuz / am Weg / kreuzt unsern / Lebensweg / Da sticht einer zu / auf hohem Ross / am Fuß des Balkens / namenlose Klage / einer / mit fragender Geste / wer stirbt / da fuer wen / warum? / die richtige / Antwort / ist wichtig.* Bild und Inschrift finden sich auf einer Stele, die auf einer kleinen Grünfläche steht. Betrachtet man das dreiseitige, 2,20 Meter hohe Kunstwerk genauer, stellt man fest, dass sich auf jeder Seite eine Abbildung befindet. „Diese Stele des Bildhauers Professor Klaus Ringwald wurde im Jahr 2002 auf Initiative des damaligen Vorsitzenden des Geschichts- und Heimatsvereins, Günter Rath, und Dekan und Münsterpfarrer Kurt Müller finanziert und aufgestellt“, erzählt der heutige Vorsitzende des Geschichts- und Heimatvereins, Werner Echle. „Sie soll daran erinnern, dass hier einst ein Stationenweg verlief.“

Die oben geschilderte Szene stellt die Hinrichtung Jesu dar, die beiden weiteren zeigen, wie er zum Tode verurteilt und ins Grab gelegt wird. „Der Kreuzweg war für Villingen früher sehr wichtig“, betont Werner Echle. „Er führte über die steinerne Brigachbrücke, vorbei an der Bickenkapelle zur Altstadtkirche und zum Friedhof.“ Der Weg war nicht befestigt und verlief teilweise auch über Felder. „Die Villinger nutzten diesen Weg bis ins 16. Jahrhundert, obwohl ab dem 11. Jahrhundert die allmähliche Verlagerung des Marktes Villingen in den westlichen Brigachbogen erfolgte und um 1120 mit dem Bau des Münsters begonnen wurde. Denn die Altstadtkirche blieb die Mutterkirche der Villinger, das Münster war bis dahin Filialkirche. „Dies hat sich erst im Jahr 1537 geändert“, sagt Echle.

Der Stationenweg half den Menschen, zur Besinnung zu finden, diente aber auch und vor allem dem Ziel, sich damit quasi die Vergebung der Sünden zu sichern – ohne dafür nach Jerusalem wallfahren zu müssen.

Über diese Stele freut sich Werner Echle ganz besonders.

Stadtpfarrer Johann Jakob Riegger schreibt im *Nägelinskreuzbüchlein* von 1735: „Kan man in der Still eine kurz- und doch gute Wahlfahrt in die Alt-Statt auff den Gottes-Acker verrichten: als zum Exempel/ man betet im hinauß gehen den ersten/ bei denen Begräbnussen den anderen/ und im wider heimgehen den dritten Rosenkranz/ und gewinnet mit disem Psalter vollkommenen Ablaß/ kan solches denen Abgestorbenen schenken; und verrichtet alles in einer Stund." Vor allem in Stunden der Not fanden die Menschen durch den Gang auf dem Kreuzweg Trost und Kraft. „Beim Bemühen, sich in das Leiden Christi zu versenken, sich mit ihm zu identifizieren, wird natürlich auch der Wunsch wach, die Schauplätze seines Lebens Leidens und Sterbens mit eigenen Augen zu sehen, leibhaftig zu erfahren. Das ist der Wurzelgrund der Wallfahrt ins Heilige Land zu den heiligen Stätten, die schon ganz früh begonnen hat, im vierten Jahrhundert", schreibt der ehemalige Dekan Kurt Müller in seinem Aufsatz: *Passionsstele am Stationenweg.*
Unklar ist, aus wie vielen Stationen der Kreuzweg einst bestand. „Es gibt eine Aufstellung aus dem Jahr 1755, in der von zehn Stationen die Rede ist", sagt Echle. Wenn man die Bickenkapelle, das Nägelinkreuz, die Kreuzabnahme und das Heilige Grab in der Altstadtkirche dazuzähle, dann komme man auf 14 Stationen. Die wertvollste davon sei erhalten geblieben: Die 1492 von der Sebastianbruderschaft gestiftete Schächergruppe findet sich heute im Chorraum der Franziskanerkirche.

Eva-Maria Bast

So geht's zur Kreuzwegstele:

Die Kreuzwegstele steht in Villingen auf der Grünfläche zwischen der Straße „Am Stationenweg", der Marbacher Straße und dem Fürstenbergring.

Franz Müller findet es interessant, dass durch einen Zufall eine Reliquie der Guten Beth in Schwenningen gelandet ist.

10

Gute-Beth-Reliquie

Per Zufall von Reute nach Schwenningen

Das Kloster Reute bei Bad Waldsee ist weit über die Grenzen Oberschwabens hinaus bekannt. Das liegt an Elisabeth Achler (1386-1420) oder der „Guten Beth", die hier ab 1403 ein Leben in Armut und Gebet gemäß der Regel des heiligen Franziskus geführt hat. Der Überlieferung nach hatte die Mystikerin Visionen, lebte angeblich zwölf Jahre nur von der heiligen Kommunion und trug die Wundmale Christi auf ihrem Körper. Weil sie an der Klosterpforte die Armen versorgte, war sie für die Menschen ihrer Zeit die „Gute Beth". Seit fast sechs Jahrhunderten pilgern Gläubige nun schon zum Grab der Seliggesprochenen. Und so manche

„Gebetserhörung“ brachte ihr Titel wie „Wundertäterin Oberschwabens“ oder „Helferin in allen Nöten“ ein. Was diese Geschichte mit dem knapp 90 Kilometer Luftlinie entfernten Schwenningen zu tun hat, weiß Franz Müller.

„Auch hier in der Stadt am Neckarursprung gibt es eine direkte Verbindung zur Guten Beth“, sagt der Stadtführer, der sich sehr gut in seiner Heimatstadt auskennt. Wenig bekannt ist nämlich, dass in der St.-Franziskus-Kirche eine Reliquie der Seliggesprochenen aufbewahrt wird. „Dass wir sie hier bei uns in der Stadt haben, ist einem glücklichen Zufall zu verdanken“, erklärt der Schwenninger und beginnt zu erzählen: „Im Jahr 1940 weilte der damalige Stadtpfarrer von Schwenningen, Otto Sass, wegen personeller Probleme gerade beim bischöflichen Ordinariat in Rottenburg. Und während er dort wartete, hörte er ein Telefonat mit, in dem es um die Umbettung der seligen Beth in Reute ging.“ Sass, der selbst schon lange auf der Suche nach einer Reliquie für seine Kirche St. Franziskus war, nahm Verbindung mit dem Kloster Reute auf. Sein Anliegen: dass ihm ein Residuum der Guten Beth für seine Gemeinde überlassen würde. „Seine Bitte wurde erfüllt. Also ließ er für das Knochenstückchen 1942 extra im hinteren Bereich der Kirche ein Altärchen mit dem Bild der Seligen bauen“, erzählt Franz Müller die Geschichte weiter. Heute ist die Reliquie an einem anderen Platz zu finden: Nach der Kirchenrenovierung 1991 und 1992 kam sie in einen kleinen Schrein, der im Kirchenschiff links vorne an der Wand hängt.

Dass die Reliquie der Guten Beth ausgerechnet in der St.-Franziskus-Kirche zu finden ist, passt hervorragend zur Lebensgeschichte der 1766 Seliggesprochenen. Denn sie richtete ihr Leben nach den Regeln des heiligen Franz von Assissi (1181/1882-1226) aus, der in seinem Testament seinen Brüdern geschrieben hatte: „Ich arbeitete mit meinen Händen und will arbeiten; und es ist mein fester Wille, dass alle anderen Brüder eine Handarbeit verrichten, die ehrbar ist. Die es nicht können, sollen es lernen.“ Danach lebte auch Elisabeth Achler, die sich zur Weberin ausbilden ließ, bevor sie 1403 zusammen mit vier Schwestern in der Klause im oberschwäbischen Reute ein Leben in Armut, Abgeschiedenheit und Gebet begann.

„Doch diese Reliquie ist nicht die einzige Verbindung der Guten Beth in die Doppelstadt", sagt Franz Müller. Eine andere führt ins Bickenkloster nach Villingen, wo Ursula Haider (1413-1498) seit dem Jahr 1480 wirkte. „Die Äbtissin wurde durch die Gute Beth sehr stark in ihrem Glauben beeinflusst, obwohl sie erst zwei Jahre nach deren Tod ins Kloster Reute eintrat", weiß der Katholik. Und welche Bedeutung Ursula Haider für die Stadt an der Brigach hat, ist hinlänglich bekannt: Ihr soll in einem schweren Gewitter die Gottesmutter Maria mit dem Jesuskind erschienen sein und den Villingern Segen und Schutz für alle Zeit versprochen haben. Dafür allerdings musste Ursula Haider veranlassen, dass einmal im Jahr der „Große Psalter" gebetet werde – also alle 150 Gebete und Lieder aus dem Buch der Psalmen im Alten Testament. So geschah es über Jahrhunderte immer zur Fastenzeit.

„Die Äbtissin wurde durch die Gute Beth sehr stark in ihrem Glauben beeinflusst, obwohl sie erst zwei Jahre nach deren Tod ins Kloster Reute eintrat."

Während jedes Jahr Hunderte und Tausende Pilger in Reute das Grab der Guten Beth besuchen, erfährt die Reliquie in der Schwenninger St.-Franziskus-Kirche wesentlich weniger Beachtung. Für Franz Müller gehört sie trotzdem zu den geheimnisvollen Relikten, die seine Heimatstadt so liebenswert machen.

Heike Thissen

So geht's zur Gute-Beth-Reliquie:

Das Knochenstück der Guten Beth ist in der Schwenninger St.-Franziskus-Kirche (Jakob-Kienzle-Straße 9) in einem Schrein auf der linken Seite des Kirchenschiffs zu sehen.

Das Ehepaar Sandra und Bendikt Hinterseh mit Forstamtsleiter Dr. Tobias Kühn (links) vor dem Wandbild mit dem Auerhahn.

11

Wandbild

Vom Auerhahn zum Phönix

Er ist scheu. Und er überlegt gut, wo er sich niederlässt. Die Ansprüche, die er an seinen Wohnort stellt, sind groß: Die Rede ist vom Auerhahn, Mitglied der Familie der fasanenartigen Vögel. Wäre der Auerhahn am gleichnamigen Gasthof echt und nicht nur gemalt, er hätte in der Mitte des vergangenen Jahrhunderts sicher die Flucht ergriffen – denn da ging es in seinem Zuhause ganz und gar ungemütlich zu. So aber wurde aus dem Auerhahn ein Phönix. Und das hat mit dem Zweiten Weltkrieg, beziehungsweise dessen Ende zu tun: „Am 20. April 1945 rückten die Franzosen gen Villingen vor", beginnt der Küchenchef des Gasthauses, Bendikt

Hinterseh, die Geschichte zu erzählen. Die Oberste Heeresleitung hatte zwar noch befohlen, die Stadt unbedingt zu verteidigen, „doch am Mittag und Abend des 20. Aprils war die militärische Lage völlig unübersichtlich", erklärt Martina Zieglwalner in ihrem Aufsatz *Vor 60 Jahren – Kriegsende in Villingen*. Und als die Bevölkerung dann auch noch erfuhr, dass die Kreisleitung ihre Zentrale am Romäusring verlassen hatte und die führenden Parteifunktionäre geflohen waren, war „mit Ablauf des 20. April [...] auch für die Bevölkerung der Stadt Villingen das Dritte Reich abgeschlossen", wie Hermann Riedel in seinem Buch *Villingen 1945 – Bericht aus einer schweren Zeit* schreibt. Er war in jenen Tagen Verwaltungsdirektor der Stadt und als die Kreisleitung sich auf und davon machte, lagen ihre Geschicke in seiner Hand. Die Bürger begannen, in der Kaserne der Wehrmacht die Lebensmittelvorräte zu plündern und brachten ganze Säcke von Reis, Marmelade und Zucker auf Leiterwagen nach Hause. Währenddessen rückten die Franzosen immer weiter vor. „Hin und wieder kam es zu Zwischenfällen mit dem sich zurückziehenden Jäger-Ersatz-Bataillon und kleineren Kommandos von Wehrmacht und Volkssturm. Es gab Tote auf beiden Seiten, auch einige Zivilisten starben bei den Schusswechseln. Immer wieder hallten Gewehrsalven durch die Nacht, später waren noch Leuchtkugeln und Leuchtspurmunition zu sehen, bis die Schießerei gegen 4 Uhr nachließ", schreibt Zieglwalner. Und Hinterseh ergänzt: „Auch der Wald rings um das Gasthaus Auerhahn war voller Soldaten und auch hier gab es Tote. Am 20. April bezog ein Stab der Wehrmacht im „Auerhahn" Quartier und richtete eine Befehlsstelle ein."

Am 21. April 1945 beschloss Hermann Riedel, die Stadt an die Franzosen zu übergeben, um weiteren Schaden abzuwenden. Tags drauf hisste er die weiße Flagge und brachte sich damit in Gefahr, denn der Reichsführer SS, Heinrich Himmler (1900-1945), hatte das Hissen weißer Tücher unter strengste Strafe gestellt und erklärt, man werde alle Männer eines Hauses erschießen, auf dem eine weiße Fahne weht. Und Riedel konnte sich nicht in Sicherheit wiegen. „Ich wußte nicht, ob noch kleinere Einheiten der deutschen Wehrmacht außerhalb der Stadt Stellung bezogen hatten, um den Vormarsch der Franzosen aufzuhalten", schreibt er. Schließlich, als Detonationen zu hören waren, entschied er sich, dass die Gefahr einer Bombardierung größer wäre und hisste auf den Türmen des Münsters die weiße Flagge. „Da die Vorhänge zu klein waren, stellte der Münsterpfarrer und spätere Dekan Max Weinmann zwei Bettlaken zur Verfügung und schickte seinen Vikar Franz Völker mit, um sie unter anderem mit dem Maurermeister Hans Murer und weiteren Männern am südlichen Münsterturm zu hissen“, schreibt Martina Zieglwalner. Riedel nahm die Verhandlungen mit den Franzosen auf und am Nachmittag zog das 27. französische Infanterie-Regiment ein. Der neu eingesetzte Bürgermeister Walter Bräunlich richtete einen Appell an die Bevölkerung, den Befehlen der Franzosen zu gehorchen: „Ihr habt es in der Hand, Euere Stadt und Euere Familien vor weiteren Schäden an Gut und Blut zu bewahren, wenn Ihr den Aufforderungen des französischen Stadtkommandanten strikte Folge leistet. Erwachsene sorgen dafür, dass vor allem die Jugend keine Unbesonnenheit begeht, die für die gesamte Bevölkerung schwerste Belastungen mit sich bringen würde.“

Die Bewohner des Gasthofs hielten sich an die Anweisungen, doch es half ihnen nichts: „Anfang Mai gerieten ein Ukrainer, der dort wohnte, und der Eigentümer Emil Sieber in Streit“, erzählt Pächterin Sandra Hinterseh die Geschichte weiter. „Daraufhin verließ der Mann den Gasthof und kehrte wenig später mit zahlreichen Franzosen zurück. Bürger Unterkirnachs berichteten, dass unzählige französische Fahrzeuge vorgefahren seien.“ Kurz darauf leuchtete der Himmel über dem Gasthof rot. Was war geschehen? „Laut Berichten der einstigen Besitzerin des Neuhäusles, Emilie Beha, der Pächterfamilie Pfaff und des Eigentümers Emil Sieber senior, warfen die Franzosen ihnen vor, dass sie SS-Männer versteckt hätten und nahmen das zum Anlass, den Gasthof niederzubrennen“, schildert Sandra Hinterseh. Sie weiß auch, wie die Brandstiftung vonstatten ging: „Sie schleppten bergeweise Reisig in das Gasthaus, übergossen es mit Benzin und zündeten es an.“ Die Bewohner wurden mit Stöcken geschlagen und bevor sie auf einem Kastenwagen fortgebracht wurden, mussten sie noch zusehen, wie ihr Zuhause in Flammen aufging.

Der Familie Pfaff wiesen die Franzosen eine Wohnung in der Talstraße zu, Emilie Beha fand auf einem Bauernhof Aufnahme, den sie nie wieder verlassen sollte: „Sie arbeitete dort bis zu ihrem Tod

als Magd", weiß der Pächter. „Und Emil Sieber musste für mehrere Wochen in Haft."
Doch im Jahr 1947 kam dessen Sohn aus Kriegsgefangenschaft zurück und nahm den Wiederaufbau des väterlichen Gasthauses in Angriff. „Allerdings nicht an der gleichen Stelle, an der der alte Gasthof gestanden hatte, sondern auf den Fundamenten des einstigen Geräteschuppens, der ebenfalls abgebrannt war", ergänzt Benedikt Hinterseh.

1950 konnte der Gasthof wiedereröffnet werden. Und auch der Auerhahn erstand wieder auf – im Grunde wie der Phönix aus der Asche. Somit hat Villingen gewissermaßen eine ganz neue Vogelart: einen Auerhahn-Phönix. Und der fühlt sich an seiner neuen Hauswand augenscheinlich ausgesprochen wohl. Kein Wunder: Kann er doch tagtäglich glückliche Menschen beobachten, die voller Vorfreude auf ein gutes Essen in den Gasthof eilen und anschließend noch glücklicher – weil satt und zufrieden – wieder herauskommen. Und manchmal nach Feierabend besucht ihn auch das Ehepaar und lächelt freundlich zu ihm hinauf.

Eva-Maria Bast

So geht's zum Auerhahn:

Er befindet sich an der Fassade des gleichnamigen Gasthauses in Unterkirnach, Neuhäusle 1.

12

Aufschüttung

Was eine Ruine mit den Kreuzzügen zu tun hat

Von all der Pracht sind nur noch ein paar Steine und ein Wall von etwa 30 Metern Durchmesser übrig. Und dieser ist derart mit Bäumen und Sträuchern bewachsen, dass man ihn kaum wahrnimmt. „Hier stand einst die Burg Runstal", sagt der Vorsitzende des Geschichts- und Heimatvereins Werner Echle und es klingt ein wenig feierlich. „Man weiß nicht viel über diese Burg, bekannt ist aber, dass sie von den Herren von Runstal erbaut und 1111 erstmals erwähnt wurde, daher hat sie auch ihren Namen. Die Herren von Runstal waren Ministeriale der Herzöge von Zähringen." Offenbar befand sich die Burg später im Besitz des Conrad von Schwarzenberg. Davon kündet eine Urkunde von 1205, aus der hervorgeht, dass Conrad (die Burg an die Reichsabtei des Klosters Salem veräußerte. Der Grund dieser Veräußerung ist hochspannend. Er hat mit Kreuzzügen zu tun und wohl auch damit, dass Schwarzenberg den Zähringern eins auswischen wollte.

„In der zweiten Hälfte des 12. Jahrhunderts stehen die Schwarzenberger eindeutig auf der Seite der Staufer und in Opposition zu den Zähringern", schreibt Dr. Andreas Haasis-Berner, seines Zeichens Gebietsreferent Archäologische Denkmalpflege beim Landesdenkmalamt, in einem Aufsatz. Obendrein sei Conrad ein treuer Anhänger Friedrich Barbarossas (1122-1190), Heinrichs VI. (1165-1197) und Philipps II. (1165-1223) gewesen. Als Friedrich Barbarossa 1188 zu einem Kreuzzug, dem dritten (1189-1191), aufrief, habe sich Conrad beteiligt. Und Kreuzzüge waren teuer: Die Ritter mussten genug Kapital mitbringen, um sich und ihr Pferd für zwei Jahre versorgen zu können. „Mittellose und Pilger dürfen nicht mitziehen", schreibt Haasis-Berner. Conrad aber war dabei, als der Zug am 11. Mai 1189 in Regensburg aufbrach. Vermutlich habe er auch die Eroberung Akkons miterlebt und sei anschließend zusammen mit Berthold III. von Nimburg (1122/23-1188) in den Breisgau zurückgekehrt.

Werner Echle hat die wechselvolle Geschichte dieses Orts recherchiert.

Dort begann er, sich von seinen Gütern zu trennen, zum Beispiel schenkte er Berthold III. von Nimburg ein Gut in Mundingen. Warum, sei unklar, so der Denkmalpfleger. „Möglicherweise hatte Berthold III. Conrad auf dem Kreuzzug finanziell geholfen und erhielt seine Auslagen auf diesem Wege wieder zurück." Ob sich Conrad von Schwarzenberg dann auch dem Kreuzzug von Heinrich VI. angeschlossen hat, ist unklar. 1201 befand er sich Quellen zufolge jedenfalls im Breisgau und im April 1202 ging er, in Begleitung eines Zisterzienserabtes, wieder auf Kreuzzug, wo er vermutlich an der Eroberung Konstantinopels beteiligt war und anschließend wieder heimkehrte. „Abgesehen von den Eindrücken bei der Eroberung von Konstantinopel wird der Kontakt mit dem Zisterzienserabt Conrad von Schwarzenberg tief geprägt haben. Denn die beiden Verkäufe seiner Güter Vörstetten und Runstal gehen beide ebenfalls an Zisterzienserklöster (Tennenbach und Salem)", schreibt der Denkmalpfleger. „Hier wird man auch eine religiöse Prägung durch und eine Hinwendung zum Zisterzienserorden wahrnehmen dürfen." Im kommenden Lebensjahrzehnt ist Conrad von Schwarzenberg stark damit beschäftigt, seine weiteren Besitzungen zu verkaufen. Wohl, um einen erneuten Kreuzzug finanzieren zu können. Und hier findet dann eben auch Gut Runstal, „eines der ältesten Besitzungen der Schwarzenberger", wie Haasis-Berner schreibt, Erwähnung. Es wird von Conrad und seiner Frau Mathilde an das Kloster Salem verkauft, ebenso wie das Gut in Vörstetten an Salems Tochterkloster Tennenbach. „Unter den zahlreichen Zeugen in der Urkunde vom 6. Dezember 1207 fehlt der Name Conrads", bemerkt der Denkmalpfleger. Vermutlich war der zu diesem Zeitpunkt längst auf dem Weg ins Heilige Land. „Daraus kann geschlossen werden, dass er die Güter im Hinblick auf seinen endgültigen Zug ins Heilige Land veräußert hat." Doch der Denkmalpfleger vermutet, dass der Verkauf noch einen anderen Grund hatte: den Zähringern eins auszuwischen.

Die hätten die Entwicklung Villingens zur Stadt im 12. Jahrhundert sehr gefördert, wodurch sich jedoch die Salemer Zisterzienser, die Besitzungen in und um Villingen ihr Eigen nennen konnten, massiv bedrängt fühlten. „Die Konflikte zwischen den Zähringern und den Zisterziensern sind natürlich nicht erst mit dem Verkauf von Runstal aufgebrochen, sondern bestanden schon zuvor. Dieser Sachverhalt muss auch Conrad von Schwarzenberg wohl bekannt gewesen sein. Er wird den Verkauf an Salem in dem Bewusstsein durchgeführt haben, dem Zähringer Bertold V. zu schaden", überlegt Dr. Andreas Haasis-Berner. „Denn hiermit wurde nicht nur die Stellung des Klosters im Umfeld der aufstrebenden Stadt Villingen massiv gestärkt, sondern auch die Möglichkeit der Stadt zur Expansion eingeschränkt." Und: „Conrad scheint sich nun 1207/08 – mit gefülltem Portemonnaie und geregelter Nachfolge – endgültig auf den Weg ins Gelobte Land aufgemacht zu haben." Belegt ist, dass er dort ein Haus kaufte und dass seine Frau Mathilde ihn begleitete.

„Bis ins 14. Jahrhundert soll sich um die Burg herum eine Siedlung befunden haben."

Seine ehemalige Burg aber, die ging 1259 in den Besitz der Stadt Villingen über. „Bis ins 14. Jahrhundert soll sich um die Burg herum eine Siedlung befunden haben", nimmt Echle den Faden wieder auf. „Als der Heimatforscher Paul Revellio hier 1943 Grabungen vornahm, gab es von dem Dorf jedoch keine Spur mehr." Conrad von Schwarzenbergs Vermächtnis ist untergegangen. Weitgehend, zumindest.

Eva-Maria Bast

So geht's zur Aufschüttung:

Von der Landstraße 181 nach Süden abfahren, am Aussiedlerhof Graf vorbei, bis der Weg einen Knick macht. Dort befindet sich die Aufschüttung.

Bauinschrift

Und sie sagt doch die Wahrheit

Viele Jahre wussten die Villinger nicht, ob sie dieser Inschrift trauen konnten oder nicht. Zwar trägt die steinerne Tafel am Kaiserturm den lateinischen Text *ANNO DOMINI M° CCC° LXX° SECVDO INCEPT9 TURRISTE*, und verweist darauf, dass im 1370. zweiten Jahr des Herrn dieser Turm begonnen wurde. Doch ob das Bauwerk tatsächlich, wie dort zu lesen, im Jahr 1372 errichtet worden war, stand nicht eindeutig fest. „Schließlich hätte da ja alles Mögliche in Stein gemeißelt worden sein können", erklärt Hansjörg Fehrenbach, der in der ganzen Stadt als Experte für ihre Türme bekannt ist. Doch dendrochronologische Untersuchungen der Holzbalken im Turm ergaben 1993, dass die Inschrift stimmt: „Seither wissen wir sicher, dass mit den im Winter 1371 gefällten und bearbeiteten Hölzern ab 1372 der Turm zusammen mit den Mauersteinen errichtet wurde", sagt der langjährige Mitarbeiter des Hochbauamtes, der mehr als 30 Jahre für sämtliche Türme der historischen Innenstadt von Villingen zuständig war.

„Der Kaiserturm wurde als Wach- und Wehrturm erbaut und sollte die lang gezogene Ostseite zum Brigachbogen hin verstärken", erklärt Hansjörg Fehrenbach. Vom Boden bis zur Turmspitze ragt er 31 Meter in den Villinger Himmel und verteilt auf dieser Höhe ein Durchgangsgeschoss und fünf Obergeschosse. „Ein richtiger Verteidigungsturm war er aber nie", schränkt der gebürtige Villinger ein. Vielmehr habe er den Wachmannschaften als Aufenthaltsort gedient, an dem sie sich versammelt und von dem aus sie im Falle eines Angriffs losgezogen sind. „Im obersten Geschoss sind zwar nach außen Schießscharten angetäuscht, aber von innen betrachtet stellt man schnell fest, dass sie sich nach hinten verengen und dort deswegen gar keine Kanonen hätten platziert werden können", erklärt der Turmexperte. Lediglich leichte Waffen seien im Kaiserturm zum Einsatz gekommen, Armbrüste etwa oder andere tragbare Geschosse.

Hansjörg Fehrenbach ist der Experte für die Villinger Türme. Kein Wunder, dass er weiß, was es mit dem Grundstein auf sich hat.

Seinen heutigen Namen erhielt der Turm 1871 im Zuge der nationalen Euphorie nach der Proklamation des preußischen Königs Wilhelm I. (1797-1888) zum Kaiser Benannt ist er nach dem nahe gelegenen Kaiserring, mit dem die Villinger nach dem deutsch-französischen Krieg von 1870 und 1871 der Entstehung des zweiten deutschen Kaiserreichs huldigten. Vor 1870 trug er andere Namen. Ende des 17. Jahrhunderts hieß er beispielsweise *Gerberturm*, weil er im ehemaligen Gerberviertel steht. Für 1806 ist er als *Wachtelturm* überliefert, benannt nach der Wachtelgasse, die heute Schaffneigasse heißt. Vor 1870 hieß er *Schnabelturm*. Egal, wie seine aktuelle Bezeichnung lautete, er fügte sich zu jeder Zeit gut in die Verteidigungsanlagen der Stadt ein – auch, wenn er erst rund 100 Jahre später erbaut wurde als beispielsweise die drei Tortürme, die heute noch stehen.

Der Kaiserturm trägt seinen Namen noch gar nicht so lange.

„Insgesamt hatte Villingen acht Türme, davon vier Tortürme an der inneren Stadtmauer und vier Batterietürme in der äußeren Stadtmauer. Außerdem gab es vier Pulverrondelle", erklärt der ehemalige Mitarbeiter der Stadt und passionierte Fastnachter. Im Notfall wurden die Bürger der Stadt und hier vor allem die in den Zünften organisierten Handwerker alarmiert, die dann ihre Wachposten einnehmen mussten. „Das war fester Bestandteil der Wehrverfassung der Stadt", sagt Fehrenbach. Er hat aber auch herausgefunden, dass es die Wachen im Turm mit der Bauinschrift nicht immer so genau nahmen mit der

Wache und der Verteidigung. Es gibt ein Ratsprotokoll aus dem Jahr 1675, das eine Ermahnung enthält, nämlich: „die Bürger, Knechte und Bürgersöhne sollten fleißig Obacht geben und sollen sich in der Wachstube nit mit Spielen unterhalten, da die Wachstube für die Wacht und nit für den Kurzweil erbaut wurden.“

„Seither wissen wir sicher, dass mit den im Winter 1371 gefällten und bearbeiteten Hölzern ab 1372 der Turm zusammen mit den Mauersteinen errichtet wurde.“

Das mag rückblickend nach einer netten Anekdote klingen, tatsächlich aber war eine Stadt wie Villingen in großer Gefahr, wenn ihre Verteidiger anstatt Wache zu halten dem Würfelspiel frönten. Dass offenbar trotzdem alles gut ging, dafür ist die Bauinschrift mit dem Verweis auf das Jahr 1372 ein eindeutiges Zeichen: Hätten die Wachen ihre Aufgaben komplett vernachlässigt, wäre Villingen vermutlich bei einer der vielen Gelegenheiten überrannt und seine Türme niedergerissen worden. Eine fast 650 Jahre alte Steintafel mit römischen Zahlen würde es dann nicht mehr geben.

Heike Thissen

So geht’s zur Bauinschrift:

Der Grundstein mit der Bauinschrift ist auf der der Villinger Innenstadt zugewandten Seite in den Kaiserturm eingelassen. Das Bauwerk steht am Ende der Schaffneistraße.

23
ACHTUNG
DACHLAWINEN !

Relief

Trauben, Blumen und ein Geißbock

Die Inschrift auf dem Relief über der Tür ist nur schwer zu entziffern. Mit einiger Mühe lässt sich aber der Inhalt dessen entschlüsseln, was hier geschrieben steht: *Michael von Gottes Gnaden Abt des Gotts / Haus St. Georgen auf dem Schwarzwald.* Da das Wappen direkt am Abt-Gaisser-Haus angebracht ist, ist unschwer zu erraten, zu welchem Abt dieses Relief gehört. Die Historikerin Ortrud Jörg-Fuchs kann das aber noch an einem anderen Punkt festmachen: „In dem Wappen auf der Mitte des Reliefs findet sich ein Geißbock." Damit handelt es sich um ein sogenanntes sprechendes Wappen, da es auf die Namen seiner Inhaber – in diesem Fall Abt Gaisser – verweist. „Der erste Gaisser Abt, um dessen Wappentafel es sich handelt, hieß Michael Gaisser I.", sagt Ortrud Jörg-Fuchs. „Er war wohl nicht so bedeutend, wie seine beiden Nachfolger, galt als kränklich, soll aber ein guter Haushälter gewesen sein." Das Wappen wird von barocken Elementen, Früchten, Trauben und Ranken geziert, zu sehen sind auch der Abtsstab und zwei Heilige: rechts Michael (1595-1606) mit seinem Schwert und der Waage (siehe Geheimnis 07), links Georg (1627-1655). „Das Kloster, zu dem die Gaisser-Äbte gehörten, wurde ja nicht hier gegründet, sondern in St. Georgen", erklärt die Villingerin. „Die Mönche flohen und ließen sich nach Umwegen 1538 in Villingen nieder, nachdem St. Georgen württembergisch und protestantisch geworden war. In Villingen hatten sie ja schon sehr lange einen Pfleghof, das heutige Abt-Gaisser-Haus, deshalb haben sie sich hierher zurückgezogen", erklärt die Geschichtslehrerin und fährt fort: „Die Benediktinerabtei St. Georg wurde ursprünglich in Königseggwald (Kreis Ravensburg) gegründet und dann in das unwegsame Gebiet im Schwarzwald, in die heutige Stadt St. Georgen verlegt. Das Kloster, das St. Georg geweiht war, gab der Stadt St. Georgen den Namen." Nachdem das Kloster im 11. Jahrhundert gegründet worden war, „kam (es) auch schnell zu Besitzungen in Villingen,

Günter Reichert (links) und Edgar Schurr unter dem Wappen von Abt Gaisser.

wodurch die Mönche Villinger Bürgerrecht erhielten", ist einer Aufstellung des Villinger Denkmalamts zu entnehmen. Es folgten wechselvolle Jahre, über die der Autor Jochen Schultheiß in seinem Aufsatz *Die Geschichte des Klosters St. Georgen* berichtet: „Nachdem die Protestanten jedoch eine Schlacht beim Schmalkaldischen Krieg verloren hatten, musste Herzog Ulrich fliehen und die Mönche konnten 1548 wieder nach St. Georgen zurückkehren. Nur wenig später vollzog sich ein neuer Umschwung, als der Nachfolger Ulrichs, Herzog Christoph, erneut die evangelische Religion einführte, jetzt legitimiert durch den Augsburger Religionsfrieden vom 29. September 1555."

Also kamen die Mönche wieder nach Villingen, Ruhe kehrte aber nicht ein, zumal ja 1618 der Dreißigjährige Krieg, der grausame Religionskrieg um die Hegemonie im Heiligen Römischen Reich Deutscher Nation ausbrach. Zum Beispiel zog Georg II. Gaisser am 27. August 1629 gen St. Georgen, um das Kloster wieder zu übernehmen, fand es jedoch von den Württembergern besetzt vor und musste abziehen. 1630 durfte der Orden einem Gerichtsurteil zufolge dann erneut nach St. Georgen umziehen, musste jedoch immer wieder vor württembergischen Soldaten fliehen. Erst 1633 war „das Ende St. Georgens als Klosterort endgültig gekommen", wie Schultheiß schreibt: Villingen wurde „von schwedischen und württembergischen Truppen belagert, welche St. Georgen als Stützpunkt benutzten. Dies war den Villingern ein Dorn im Auge (...). Die Villinger zündeten das außerhalb der Klostermauern gelegene Amtshaus an, von wo die Flammen auf die Abtei übergriffen und die ganze herrliche Anlage in Schutt und Asche versinken ließen."

„Das Kloster wurde aufgelöst – und damit war es vorbei mit der Geschichte der Äbte in Villingen."

Die St. Georger Mönche siedelten sich nun endgültig in Villingen an und entfalteten eine rege Bautätigkeit: „Sie errichteten die Klostergebäude und die Benediktinerkirche", sagt Ortrud Jörg-Fuchs und das Denkmalamt schreibt: „1663/66 folgte ein Klosterneubau innerhalb der Stadt. Bis 1666 entstand ein viergeschossiges Konventshaus mit Sakristei, Kapitelsaal, Refektorium und Bibliothek. In der ersten Hälfte des 18. Jahrhunderts kam die barocke Klosterkirche hinzu." Und dann,

1806, die Säkularisation: „Das Kloster wurde aufgelöst – und damit war es vorbei mit der Geschichte der Äbte in Villingen", sagt Ortrud Jörg-Fuchs.

Nun war das heutige Abt-Gaisser-Haus profanisiert – und es folgte eine Zeit, über die der Altvillinger Edgar Schurr eine ganz besondere – und etwas skurrile – Geschichte zu erzählen weiß. Und die hat mit seinen Großeltern und mit einem Geist zu tun. „Meine Großeltern waren vor dem Zweiten Weltkrieg Hausmeister in der benachbarten Knabenschule", sagt er. „Im Abt-Gaisser-Hauss hatten sie ihre Dienstwohnung, sie haben hier mit ihren fünf Kindern gelebt." Und in ebenjener Dienstwohnung sei, so habe man sich in der Familie erzählt, immer wieder eine geisterhafte Erscheinung in einer Wand aufgetaucht. „Es war eine Frauengestalt und sie war immer nur umrisshaft zu sehen", berichtet er. „Bei Sanierungsarbeiten hat man später herausgefunden, dass sich an der Stelle eine zugemauerte Tür befand." Was die Fantasie natürlich noch beflügelt habe, sagt Edgar Schurr und ergänzt schmunzelnd: „Ich selbst habe sie nie gesehen."

Heute beherbergt das Abt-Gaisser-Haus verschiedene Institutionen der Stadt und der Wohlfahrtsverbände sowie den Spitalfonds Villingen. „Es dient als Informations- und Kommunikationszentrum für Senioren und Menschen mit Behinderung", sagt Geschäftsführer Günter Reichert. „Und bei der umfassenden Sanierung wurde sehr darauf geachtet, die jahrhundertelange Geschichte sichtbar zu machen."
Wie gut das gelungen ist, davon kann sich jeder bei einem Gang durch das öffentlich zugängliche Haus überzeugen.

Eva-Maria Bast

So geht's zum Relief:

Es befindet sich am Abt-Gaisser-Haus, Schulgasse 23, in Villingen.

Sühnekreuz

Buße für ein grausames Verbrechen

Villingen, Mitte der 1970er-Jahre: Die Mitarbeiter der Straßenbauverwaltung haben viel zu tun. Von morgens bis abends sind sie mit schwerem Gerät zugange, die Grünfläche an der Landstraße 181 zwischen Villingen und Pfaffenweiler umzugraben. Der Grund: Der Radweg soll verbreitert werden. Plötzlich stößt die Baggerschaufel auf etwas Hartes – und fördert ein großes, schweres Steinkreuz zutage. „Schnell war klar, dass es sich um ein mittelalterliches Sühnekreuz handelt, es also von einem Mörder als Buße aufgebaut wurde", sagt Eberhard Härle, der damals und insgesamt 33 Jahre das Städtische Forstamt leitete und herbeieilte, um das Steinkreuz zu begutachten. Schließlich wurde es am Waldrand und damit in einem Bereich gefunden, für den er zuständig war. „Da Sühnekreuze im Mittelalter an dem Ort aufgestellt wurden, an dem ein Gewaltverbrechen geschehen war, fand ich, dass wir für dieses Sühnekreuz einen Platz ganz in der Nähe finden müssen", sagt er, als er gemeinsam mit seinem einstigen Kollegen, dem Stadtkämmerer im Ruhestand Werner Echle, neben dem Steinkreuz steht. Die beiden ehemaligen leitenden Mitarbeiter der Stadtverwaltung verbindet unter anderem ihr Interesse für die Geschichte ihrer Heimatstadt, Echle ist der Vorsitzende und Härle Mitglied des Beirats des Geschichts- und Heimatvereins Villingen. Der damalige Forstamtsleiter suchte und fand schnell den Ort, an dem das Steinkreuz heute steht: „Die kleine Wiese an der Abzweigung zum Geistmoosweg bot sich an", sagt er. Zumal hier viele Menschen vorbeikommen und Härle es als wichtig erachtete, dass das steinerne Relikt gut sichtbar aufgestellt wird, handelt es sich doch um ein bedeutsames Überbleibsel des mittelalterlichen Rechtssystems – und außerdem wurde es ja einst gestiftet, um an einen Menschen zu erinnern, der gewaltsam sterben musste.

„Kreuze wie diese wurden zwischen dem 13. und dem 16. Jahrhundert aufgestellt", sagt Werner Echle. Damit war es aber freilich

Einstige Kollegen unter sich: Eberhard Härle (lilnks) und Werner Echle beim Sühnekreuz.

nicht getan – das war nur Teil eines Sühnevertrags, die der Mörder, so er nicht zum Tode verurteilt wurde, mit den Angehörigen des Opfers schloss. Bis Kaiser Karl V. (1500-1558) im 16. Jahrhundert mit der *Carolina* das erste allgemeine Strafgesetzbuch erließ, das 1532 auf dem Reichstag zu Regensburg zum Reichsgesetz erhoben wurde, gab es keine allgemeingültigen Gesetze. Straftaten wurden von der Hochgerichtsbarkeit des jeweiligen Landes oder der jeweiligen Stadt geahndet.

Man habe die Straftaten zwar ähnlich, aber durchaus unterschiedlich behandelt, erklärt Werner Huger, der von 1983 bis 1991 Vorsitzender des Geschichts- und Heimatvereins war, in einem Aufsatz. Natürlich waren Totschlag und Mord schwere Verbrechen, die in der Regel mit Enthauptung geahndet wurden. Es sei aber auch durchaus möglich gewesen, dass der Gerichtsherr auf die Enthauptung verzichtete und sich mit der Strafverfolgung sowie „einem angemessenen Sühnegeld, was sehr modern anmutet" begnügte. Wenn sich ein Gerichtsherr gegen die Todesstrafe entschied, so tat er es vor allem, um den Familiensippen die Möglichkeit einzuräumen, sich zu vergleichen. Ein Schlichter wurde herbeigerufen und zwischen den Angehörigen des Toten und dem Mörder wurde ein Vergleich ge-schlossen. „Dabei ging es auch darum, zu bewerten, welcher Schaden den Hinterbliebenen entstand, wenn zum Beispiel der Ernährer der Familie zum Mordopfer geworden war", erklärt Echle. Hatten sich die Parteien geeinigt, wurde ein Sühnebrief aufgesetzt. Derartige Einigungen dienten, wie Huger schreibt, auch dazu, dass „nach Erfüllung der Bedingungen der Frieden zwischen den Sippen und im Dorf wieder hergestellt werden" sollte, „der ansonsten durch eine dauernde Fehde mit weiterem Schaden bedroht gewesen wäre. Im Vertrag wurde deshalb auch niedergelegt, daß dic

Vor Jahrhunderten wurde in der Nähe offenbar jemand umgebracht. Davon kündet dieses steinerne Kreuz.

Sippe des Getöteten nichts mehr rächend gegen den Täter unternimmt." Zusätzlich mussten sich die Täter zu mehreren Sühneakten wie Wallfahrten, Seelmessen, Kerzenstiftungen und eben der Errichtung eines Sühnekreuzes verpflichten. „Der Vertrag hatte also eine religiöse Komponente, die ne-benbei mit abergläubischen Elementen befrachtet war. Im christlichen Sinne sollte das Kreuz den Vorübergehenden anhalten, ein Gebet für den Getöteten zu sprechen und so seiner Seele helfen, die ewige Ruhe zu erhalten", schreibt Huger. Aberglauben habe aber auch eine Rolle gespielt: „Im Volksglauben ging die Angst um, daß die Seele eines Menschen, der eines unnatürlichen Todes gestorben war, ruhelos umhergeistert und Unheil anrichtet. Sagen erzählen davon, daß die Seelen der Getöteten nachts als schwirrende Lichter zu sehen seien. Das christliche Kreuz sollte der irrenden Seele einen Ruheplatz geben."

„Kreuze wie diese wurden zwischen dem 13. und dem 16. Jahrhundert aufgestellt."

Ob das gelungen ist und wer an dieser Stelle wen umgebracht hat, ist wohl ein Geheimnis, das immer in den Tiefen der Geschichte verborgen bleibt – so, wie das Kreuz viele Jahre in den Tiefen des Villinger Erdreichs versunken war.

Eva-Maria Bast

So geht's zum Sühnekreuz:

Es steht an der Landstraße 181 zwischen Villingen und Pfaffenweiler am Waldrand, dort wo der Geistmoosweg in den Wald führt.

Auch, wenn das Kunstwerk „Absinthbrunnen" heißt, fehlt von der Spirituose jede Spur.

16

Absinthbrunnen

Erinnerung an einen Industriezweig

Aus einem Wasserbrunnen sprudelt Wasser, aus einem Schokobrunnen Schokolade. Da ist es eigentlich naheliegend, dass aus einem Absinthbrunnen die Spirituose Absinth fließt. Ist also auf dem Gelände, auf dem 2010 die Landesgartenschau stattgefunden hat, das alkoholische Getränk zu finden? Wo doch dort ein Absinthbrunnen steht? Ulrike Wannenmacher kann das verneinen. „Geschichtlich sind die Absinthbrunnen aus dem Verbot der Absinth-Herstellung im Jahr 1814 hervorgegangen. Das waren geheime Orte im Wald, an denen Absinthflaschen versteckt wurden. Es sind also in übertragenem Sinne geheime Quellen, wo Absinth trotz Verbotes weiterhin heimlich konsumiert wurde", sagt die städtische Mitarbeiterin im Grünflächenmanagement.

An einem verborgenen Ort steht der Schwenninger Absinthbrunnen nicht. Muss er auch gar nicht. Vielmehr soll er auffallen und entdeckt werden. Denn er war Teil eines Themengartens der französischen Partnerstadt Pontarlier zur Landesgartenschau. „Es gab einen Beitrag im Ausstellungskonzept, bei dem sich die sechs Partnerstädte von Villingen-Schwenningen mit ihren jeweils typischen Eigenarten und Besonderheiten dargestellt haben", erklärt Renate Belz, die sich in Villingen-Schwenningen um die Städtepartnerschaften kümmert. Pontarlier, Städtepartner seit 1964, präsentierte sich mit drei typischen Szenen aus seiner Region, unter anderem mit dem Absinthbrunnen. Er war umgeben von Wermutpflanzen, die den Hauptbestandteil des Absinthes bilden.

„Der Brunnen steht symbolisch für die Absinthproduktion in Pontarlier. Absinth war ein beliebter Aperitif und das Nationalgetränk in Frankreich. Die Stadt war berühmt für die industrielle Produktion, wurde auch Hauptstadt der Absinthproduktion genannt", erklärt Ulrike Wannenmacher. 1805 sei dort die erste Absinth-Destillerie von Henri-Louis Pernod (1776-1851) eröffnet worden und habe reichlich Arbeitsplätze geschaffen. „1914 wurde die Absinthproduktion in Frankreich jedoch verboten, lange Zeit auch in vielen Staaten Europas", fährt Wannenmacher fort. Der Grund waren zu hohe Gehalte des Wirkstoffs Thujon, die zu Störungen der Sinneswahrnehmungen führten. „Pontarlier verlor mit dem Verbot einen wichtigen Wirtschaftszweig und seine wirtschaftliche Bedeutung. Produktion und Konsum fanden jedoch weiterhin im Verborgenen statt, deshalb gab es die Absinthbrunnen", sagt die Landesgartenschau-Expertin über die Konsequenzen.

In der Installation „Absinth mit Glas" auf dem Schwenninger Gelände ist also nie Absinth geflossen – auch, wenn dessen Herstellung und Verkauf seit 1998 wieder erlaubt sind.

Heike Thissen

So geht's zum Absinthbrunnen:

Er steht auf dem Gelände der ehemaligen Landesgartenschau in Schwenningen im Stadtpark Möglingshöhe. Die Partnerschaftsgärten befinden sich parallel zur Neckarstraße hinter dem Zaun.

Abt-Gaisser-Haus

Giftige Dämpfe verärgern die Bürger

Das Abt-Gaisser-Haus ist den meisten Villingern ein Begriff. Man kennt es als Heimat verschiedener Wohlfahrtsverbände, als Informations- und Kommunikationszentrum und viele wissen auch, dass es einst als Pfleghof des Klosters St. Georgen erbaut wurde. Dass es im 19. Jahrhundert die erste Chemiefabrik Villingens beherbergte und dass es zwischen den Besitzern und den Villingern einen erbitterten Streit gab, ist allerdings eine Geschichte, die nach Einschätzung von Stadtarchivarin Ute Schulze und ihrer Mitarbeiterin Lisa Hahn ziemlich in Vergessenheit geraten ist.

Sie nimmt ihren Anfang im Jahr 1823, als der Staatschemiker Salzer aus Villingen und der Brettener Apotheker Köhlreuter bei der Stadt die Einrichtung einer Sodafabrik beantragen. Fast zwei Jahre müssen sie warten, doch dann halten sie die ersehnte Genehmigung in ihren Händen und 1826 nimmt die „Großherzoglich privilegierte Sodafabrik Köhlreuter und Co." ihre Arbeit auf. „Aus einem Vertragsbuch des Amtsgerichts unter dem 22.2.1828 ergibt sich, daß die beiden Unternehmer, Köhlreuter und Salzer von S. kgl. Hoheit ein *Privilegium exclusivum* für ganz Baden erhielten, d.h., daß sie zehn Jahre lang ohne lästige Konkurrenz ihre Erzeugnisse unter dem Schutz eines Monopolrechts herstellen konnten", schreibt Annemarie Conradt-Mach in einem Aufsatz über die Sodafabrik. Auch sonst werden sie von Staatsseite kräftig gefördert. Ute Schulze zählt auf: „Sie durften das Viehsalz, das in der staatlichen Saline Dürrheim gewonnen wurde, billiger beziehen und genossen Zollvergünstigungen."

Für den Standort Villingen haben sich die beiden Männer nicht nur deshalb entschieden, weil es die Heimat Salzers ist. Villingen liegt verkehrsgünstig, oder, wie es in einer zeitgenössischen Quelle heißt, „im Zusammenstoss frequenter und im besten Zustand befindlicher Strassen nach Württemberg, Baiern, zum Bodensee, der Schweiz und

Ute Schulze (rechts) und Lisa Hahn kennen ein Detail zur Geschichte des Gebäudes hinter ihnen, das weitgehend in Vergessenheit geriet.

allen Teilen Badens, die nur 1 ½ Stunden betragende Entfernung der Saline Dürrheim, von welcher das Kochsalz an besagtes Etablissement um 1 fl. Per Zentner belassen wird." Weiter rühmt die Quelle „die grossen Vorräte an Brennmaterialien, welche die hiesige Umgegend enthält, das Vorhandensein des besten Kalkes und vorzüglichen Braunstein in der Nähe."

Und natürlich, merkt Lisa Hahn an, freuen sich die Villinger auch über die Schaffung von Arbeitsplätzen, immerhin 15 von ihnen stehen 1834 bei der Sodafabrik in Lohn und Brot und produzieren jährlich 10.000 Zentner Soda, 6.000 Zentner Salzsäure und 6.000 Zentner Schwefelsäure. Nun kommt das Aber: Bevor die Firma in das große Fabrikgebäude vor dem Oberen Tor zieht, ist sie im heutigen Abt-Gaisser-Haus beheimatet. Das gefällt den Nachbarn so gar nicht. „Eine ganze Weile lang wurde die Fabrik schon misstrauisch beäugt und als Köhlreuter und Salzer dann eine Scheune anbauten, ohne zuvor das Einverständnis der Nachbarn einzuholen, war das der berühmte Tropfen, der das Fass zum Überlaufen brachte", erzählt Schulze die Geschichte weiter. Die Bürger beschweren sich bei der Stadt und fordern, dass „der löbliche Stadtrath" dafür sorgen solle, „daß das von der Fabrik abfließende Wasser gehörig abgeleitet werde, welches in den Sommermonaten nur Koth verursacht, im Winter aber sich zur Eismasse gerade gegen den Eingander Knabenschule hinbildet." Die Fabrikbesitzer reagieren alles andere als verständnisvoll: „Wir haben indeß den uns zugesandten Erlaß [...] an das Carlsruher Comite eingesendet, und wir sind überzeugt, daß diese neue Schwierigkeit, welche uns von Seiten des verehrlichen Stadtraths gemacht wird, mit Befremden wird aufgenommen werden, weil man in Carlsruhe nicht begreifen mag, daß ein Etablißement, wie das unsrige, welches schon tausende Gulden hier in Umlauf brachte, und manche arme Leute

Das Abt-Gaisser-Haus hat eine spannende Geschichte.

nützlich beschäftigt und ernährt... bei jeder Gelegenheit ohne Rücksichtnahme besieht.“ Letztendlich verspricht die Firmenleitung aber, die Sodafabrik vor die Tore der Stadt zu verlegen, woraufhin die Stadt schreibt, man werde den Zustand bis dahin dulden, verwahre sich aber „gegen die hämische Sprache und gegen die ausgesprochene Drohung.“

Und dann geschieht eine Weile lang nichts. Deshalb intervenieren 47 „gehorsamste Bürger“ am 19. März 1833 beim „wohllöblichen Bürgermeisteramt Villingen“ und machen „auf eine drohende Gefahr und schon wirklich bestehendes Verderben“ aufmerksam. Sie beklagen sich „nothgedrungen über die zerstörende Wirkung der hiesigen Salzsäurefabrik“, die schon „bedeutent unsern Häusern, Gärten, Bienenzucht und im Allgemeinen der ganzen Stadt beygebracht wurde“ und führen auch einige Beispiele wie verkrüppelte Gartenpflanzen und Blumen oder Schäden an der Vergoldung „am Benediktiner Thurme“ an.

Die Stadtverwaltung antwortet etwas lapidar, man könne nicht in Abrede stellen, dass Vergoldungen und Blumen leiden, aber „zur Beruhigung der Bittsteller bemerken wir ferner [...], daß [...] Salzsäure keine Feuersgefahr veranlassen kann.“ Für entfernter Wohnende hätten die Dämpfe sogar den Vorteil „daß sie die Luft purifizieren.“

Dennoch scheint die Beschwerde etwas zu helfen: Noch im gleichen Jahr wird die Sodafabrik vor die Stadt verlegt. Wenig später geht es bergab: 1841 versuchen die Eigentümer noch zu verkaufen, allerdings ohne Erfolg, 1852 wird sie geschlossen.

Künftig müssen die Bürger keine Chemiedämpfe mehr einatmen, weder innerhalb noch außerhalb der Stadtmauern, sondern können sich wieder an reiner, klarer Schwarzwaldluft erfreuen. Die Sodafabrik ist Geschichte.

Eva-Maria Bast

So geht’s zum Abt-Gaisser-Haus:

Es steht in der Schulgasse 23 in Villingen.

Die Sophienkirche wurde einst als Friedhofskapelle erbaut.

18

Sophienkirche

Von einem trauernden Witwer errichtet

Wie lässt sich die Erinnerung an einen geliebten Menschen am besten aufrechterhalten? Mit dieser Frage sah sich auch der Schwenninger Uhrenfabrikant und Kommerzienrat Christian Mauthe (1845-1909) konfrontiert, nachdem seine Frau Marie (1846-1907), Mutter seiner drei Kinder, gestorben war. Der Industrielle beschloss, ihr und seiner Zuneigung ein Zeichen zu setzen, das die Jahrhunderte überdauern sollte. Und so kommt es, dass mit der Sophienkirche auf dem Alten Friedhof noch heute ein Bauwerk von Mauthes großer Trauer kündet.

„Ich bin in der Nähe der Kirche aufgewachsen und sie lag mir schon immer am Herzen", erzählt Christa Müller, Stadtführerin in Schwenningen. Sie kennt sich mit der Geschichte des kleinen Gotteshauses besonders gut aus und weiß auch um den traurigen Hintergrund, der zum Bau der Kirche geführt hat. „Christian Mauthe war der Sohn von Friedrich Mauthe, dem Gründer der berühmten Uhrenfabrik. Zusammen mit seiner Frau Marie hatte er einen Sohn und zwei Töchter", beginnt die Schwenningerin zu erzählen. Ein Jahr nach dem Tod von Marie und ein Jahr vor seinem eigenen Ableben ließ er die Friedhofskapelle von Stadtbaumeister Julius Feucht planen und als kleinen Saalbau mit Krüppelwalm-Dach und Dachreiter errichten. Sie kam im Zentrum des Alten Friedhofs zu stehen, der seit 1869 als Begräbnisstätte des Dorfes genutzt wurde und auf dem die Toten von zahlreichen bedeutenden Schwenninger Fabrikantenfamilien beerdigt lagen (siehe Villinger Geheimnisse Band 1). Ein Jahr, nachdem Christian Mauthe die Kirche als Andenken an seine Frau hatte errichten lassen, starb auch er in Schwenningen. Seither liegen die beiden in dem Familiengrab unweit der Kapelle.

Die Kirche blieb bestehen, doch weil der Friedhof im Lauf weniger Jahrzehnte zu klein geworden war, wurde sie nach dem Zweiten Weltkrieg nur noch selten für Beerdigungen genutzt. Also veränderte sich ihr Zweck. „Als Anfang der 1950er-Jahre in der Schwenninger Nordstadt die Korea-Siedlung entstand, die ihren Namen von der Farbe der Häuser und dem zeitgleich zum Bau tobenden Koreakrieg hat, lag die Kirche als trostloser Raum fast ohne Inventar mitten im neuen Wohngebiet", weiß Christa Müller aus eigener Erfahrung. Das Gebäude wurde Mitte des 20. Jahrhunderts zur Markuskirche: Die evangelische Gemeinde übernahm die Kirche, um einen Platz für sich und die ständig steigende Zahl ihrer Gläubigen zu haben. Ihren neuen Namen erhielt sie, weil der alte

Christa Müller am Eingang der Sophienkirche.

wegen der Verwechslungsgefahr mit der Kapelle auf dem Waldfriedhof nicht mehr in Frage kam.

Die Gemeinde stellte zusammen mit den Nachfahren von Christian Mauthe einen Antrag an die Stadt, das Haus für ihre Gottesdienste nutzen zu dürfen. Von 1956 bis Ende 2004 galt der Mietvertrag, der dabei zustande kam: Die Stadt überließ die Kapelle an die Kirchengemeinde gegen laufenden Unterhalt. In die Kirche, die Christian Mauthe für seine Frau hatte errichten lassen, kehrte für viele Jahrzehnte wieder Leben ein. „Sie war bei uns evangelischen Christen am Deutenberg sehr beliebt", sagt Christa Müller, die selbst lange Jahre im Kirchengemeinderat war. In der Markuskirche haben sich durch die Jahrzehnte hindurch viele Brautpaare das Ja-Wort gegeben, wurden zahlreiche Kinder getauft, haben sich Gemeindeglieder Sonntag für Sonntag getroffen, um miteinander zu beten, zu singen und das Wort Gottes zu hören. „Für viele Menschen hier ist das ‚Kirchle' zu einem Stück geistlicher Heimat geworden", erinnert sich die Stadtführerin, „doch irgendwann war das Gebäude ziemlich reparaturbedürftig und die Gemeinde hatte kein Geld, um es wieder instand setzen zu lassen."

Also gab die Markusgemeinde die ehemalige Friedhofskapelle an die Stadt zurück. Am 31. Oktober 2004 fand der letzte evangelische Gottesdienst statt, dann zog die Pfarrei ins Markuszentrum um. Seither kümmert sich die Christengemeinde, die 1980 von Königsfeld nach Villingen-Schwenningen gezogen ist, um die kleine Kirche. Benannt ist sie nun nach der Heiligen Sophia. Ganz im Sinne von Christian Mauthe, der vor mehr als 100 Jahren eine bleibende Erinnerung an seine verstorbene Frau errichten wollte, gehen hier bis heute Gläubige ein und aus.

Heike Thissen

So geht's zur Sophienkirche:

Die Sophienkirche steht unübersehbar auf dem Alten Friedhof in Schwenningen (Albrecht-Dürer-Weg 5).

Werner Echle weiß, was es mit dem geheimnisvollen Stein auf sich hat.

19

Zoll- und Bildstock

Ein Stein mit wechselnder Zweckbestimmung

Es gab eine Zeit, da kamen viele Menschen an den Bildstock für Johann Bartelli und Anton Baier. Doch sie kamen nicht aus Trauer oder um ihrer zu gedenken. Sie kamen, um Geld zu bezahlen. Und zwar keineswegs zugunsten der beiden Männer, an die der Stein erinnert. Doch er Reihe nach: „Über Anton Baier weiß man nur, dass er von 1724 bis zu seinem Tod am 5. März 1732 Spitalmeister war, über Johann Bartelli ist gar nichts bekannt", sagt Werner Echle, Leiter des Geschichts- und Heimatvereins Villingen. „Was man aber weiß, ist, dass man den 1734 aufgestellten Bildstock als Zollstock verwendete." Weit gefehlt, wer nun an einen Meterstab denkt: Zollstock ist ein altes Synonym für Schlagbaum. Will heißen: Hier befand sich die Grenze von einem Zollgebiet ins nächste, vermutlich von Obereschach nach Villingen. Der Stein markierte die Stelle, hier wurde Zoll erhoben.

„Bei dem Weg, der hier vorbeiführte, handelte es sich um eine uralte Verbindung zwischen der Schwäbischen Alb und der Ortenau", unterstreicht Echle. „Heiltumweg" habe man die kleine Straße zwischen Schwenningen und Nordstetten genannt und „Lange Gaß" das Stück zwischen Nordstetten und Mönchweiler. „An solchen überörtlichen Handelswege-Verbindungen gab es viele solcher Zollstöcke", sagt Echle.

Das Recht, Zoll erheben zu dürfen, erhielt Villingen mit der Verleihung des Marktrechts durch Kaiser Otto III. (980-1002) vom 29. März 999. „Es handelte sich im Falle Villingens um einen privilegierten Markt, denn es wurden neben dem Marktrecht auch das Münz- und Zollrecht verliehen", schreibt Heinrich Maulhardt in seinem Aufsatz *Der Villinger Markt bis zum Beginn des 19. Jahrhunderts.* „Das Münzrecht war besonders wichtig, da Münzen den Handel beförderten, den Tausch der Waren auf dem Markt beschleunigten bzw. den Warentausch überhaupt erst ermöglichten. In Verbindung mit dem Zoll machte diese Marktform den Markthandel zwar abgabepflichtig, beaufsichtigte ihn jedoch, ordnete die erforderlichen Zahlungsmittel und stellte sie für alle Handelstreibenden in akzeptabler Form bereit." Markt war, wie Bertram Jenisch in seiner Dissertation zu dem Thema schreibt, immer dienstags. Und es gab nicht nur einen, sondern mehrere Märkte – thematisch sortiert: den Kornmarkt, den Rossmarkt, den Obstmarkt, den Käsemarkt, den Buttermarkt und den Fischmarkt. Immer häufiger habe es in jener Zeit auch Lauben gegeben. Jenisch schreibt: „In der Rietstraße stand die Korn- oder Brotlaube, bei der die Bäcker der Stadt auf Brotbänken das Brot anboten." Bei der Brotlaube sei 1314 eine Brücke über den Stadtbach gebaut worden, auf der die Bäcker ihr Brot verkaufen durften. „Die Bänke mussten jedoch abends entfernt werden, was ihre Leichtbauweise belegt. Wenig östlich davon war über dem Stadtbach die seit 1364 erwähnte Obere Metzig errichtet. In der Niederen Straße, wohl südlich der Einmündung der Brunnengasse, stand ebenso über einem Stadtbach die seit 1361 genannte Untere Metzig."

Neben den Märkten gab es in Villingen auch zwei Jahrmärkte – einen im Mai und einen im September – sowie eine Messe kurz vor Weihnachten. „An jedem dieser Termine galt drei Tage vor- und nachher ein besonderer Friedensschutz für die Marktbesucher", schreibt Jenisch. Und: Villingen besaß bereits im Mittelalter ein Kaufhaus, das „Koufhus", in dem Pelze, Leder und Tuche gehandelt wurden.

Der Markt, schreibt Maulhardt, sei ein lokaler gewesen, der vor allem von den Menschen, die in der Region lebten, frequentiert wurde. Dennoch mussten die Waren irgendwo herkommen – wer sie verkaufte, hatte Zoll zu zahlen. Doch nicht nur das: Die Zölle, die an den Bildstöcken entrichtet wurden, waren auch von denjenigen abzuführen, die ihre Fuhrwerke einfach durch das Villinger Zollgebiet lenkten. Dass an einer der Stellen, an der das Zollgebiet Villingens begann, ausgerechnet ein Bildstock stand, war irgendwie praktisch – denn die Markierung damit bereits gesetzt.

Johann Bartelli und Anton Baier hätten sich das wohl seinerzeit auch nicht träumen lassen: Dass nach ihrem Tod einmal so viele Menschen an dem für sie errichteten Bildstock halten würden. Vielleicht hätten sie mit einem Gläschen Spitalwein darauf angestoßen.

Eva-Maria Bast

So geht's zum Zoll- und Bildstock:

Er steht hinter dem Villinger Wohngebiet Haslach am Waldrand Richtung Obereschach.

Henry Greif kann den Schillerstein richtig gut leiden, weil er so viele Bezüge zur Geschichte Villingens herstellt – vor allem zu der der Herter.

20

Schillerstein

Wo der Herter noch heute ins Horn bläst

Der Schillerstein? Wenn Henry Greif andere Villinger danach fragt, wo der zu finden sei, erntet er meistens Achselzucken. „Dieses Denkmal ist im Bewusstsein der Menschen hier überhaupt nicht verankert, obwohl es nur wenige Meter vom Riettor entfernt steht", sagt der frühere Konrektor der Bickebergschule. Vielleicht liegt es daran, dass sich der behauene Kalksteinblock so gut in die Umgebung einfügt, dass er einfach übersehen wird. „Und selbst, wenn ihn jemand mal bewusst wahrgenommen und angesehen hat, kann er mit der Darstellung auf dem Stein nichts anfangen, weil diese von der Witterung inzwischen schon ziemlich in Mitleidenschaft gezogen wurde", mutmaßt der Pädagoge.

Wie kommt Villingen, in das der Dichter, Philosoph und Historiker Friedrich Schiller (1759-1805) nie einen Fuß gesetzt hat, zu einem Schillerstein? Henry Greif kennt die Antwort: „Die Skulptur wurde am 18. September 1955 zum Gedenken an seinen 150. Todestag errichtet." Die Stadt Villingen hatte mit dem Werk den Künstler Willi Dorn (1916-1995) beauftragt. Seinen Standort erhielt das Denkmal vermutlich deshalb, weil schon 1805 im 100. Todesjahr Schillers bis nach dem Zweiten Weltkrieg in unmittelbarer Nähe ein Schillerdenkmal stand und die Straßenkreuzung vor dem Riettor außerdem „Schillerplatz" hieß.

Als Willi Dorn sich an die Arbeit machte, entschied er sich, auf der Vorder- und der Rückseite des Steins Szenen aus Schillers „Das Lied von der Glocke" darzustellen, das der Dichter im Jahr 1799 herausgebracht hatte und das bis heute als Meisterwerk der deutschen Lyrik gilt. Es besteht aus insgesamt 19 Strophen mit unterschiedlicher Verszahl, ein einheitliches Versmaß hat es nicht. Mehr als die Hälfte der Strophen beschreiben den Glockenguss aus Sicht eines Glockengießermeisters, in den verbleibenden neun Strophen schildert Schiller den Lebenszyklus eines Menschen von der Geburt bis zum Tod. Greif kann gut nachvollziehen, warum sich Dorn ausgerechnet für dieses Werk entschied: „Wenn man das Gedicht aufmerksam liest, könnte man fast meinen, Schiller hätte über Villingen geschrieben, weil es so hervorragend auf die Stadt und das Leben hier passt." Bei den vielen Dutzend Zeilen, in denen der Glockenguss detailgenau beschrieben ist, denkt der Stadtkenner an die Villinger Glockengießerei Grüninger (siehe Villinger Geheimnisse – Band 1). Die ständige Angst vor einer Feuersbrunst, um die es später geht, sei auch in der Stadt an der Brigach täglicher Begleiter der Menschen gewesen, wie Greif erklärt. Außerdem schreibt Schiller von kornbeladenen Wagen, die in die Stadt schwanken – fast so, als habe er beobachtet, wie die Villinger Ackerbürger ihre Ernte in die Stadt brachten, um sie unter dem Dach ihrer Wohnhäuser zu lagern. Die Angst vor Belagerung und Plünderung durch Feinde spielt im Gedicht ebenso eine Rolle wie die Hirten, die die Schafe und Rinder auf den Weiden hüten. Und hier ist die Parallele zu Villingen besonders deutlich.

„Auf der dem Riettor zugewandten Seite ist – wenn man weiß, wie man das Bild deuten muss – der Glockenguss dargestellt. Und auf der anderen Seite ist ein Herter mit seinem lang gezogenen Horn zu sehen. Das ist ein typisch Villinger Hirte, der das Großvieh hütete", erklärt Henry Greif das, was mit bloßem Auge nur noch schwer zu erkennen ist. Die Herter seien von den Villingern gewählt worden, um im Sommer vor allem Schafe und Kühe auf die Allmend – die Weiden außerhalb der Stadt – zu treiben und dort zu hüten. Werner Huger vom Villinger Geschichts- und Heimatverein schreibt in einem Beitrag über das Amt des Villinger Hirten und Herters, dass bis ins 19. Jahrhundert hinein eine durchgängige Stallfütterung von Großvieh nicht möglich gewesen sei. „Man war darauf angewiesen, das Vieh mit dem Erwachen der Natur bis in den Herbst hinein auf die Weide zu treiben", erklärt der Heimatforscher. Und er nennt Zahlen, die nachvollziehen lassen, wie wichtig es war, dass die Tiere viele Monate am Stück ihre Ställe in der Ackerbürgerstadt verließen: „1840 betrug die Einwohnerzahl 3982, 1850 4392 Personen. Eine Viehzählung des Jahres 1845 ergab in 478 Stallungen, zusammen mit den Jungtieren, 258 Pferde, 1505 Stück Rindvieh, 197 Ziegen und 468 Schweine." Angesichts dieser Summen scheint es nur sinnvoll, in den Sommermonaten das Großvieh auf die Weide außerhalb der Stadt zu treiben – zumindest zwischen Sonnenauf- und Sonnenuntergang.

Die Herter mussten natürlich das Vieh beaufsichtigen und unterlagen dabei einer besonderen Treue- und Sorgfaltspflicht gegenüber den Ackerbürgern, die ihnen ihre Tiere anvertraut hatten. Die Männer mussten aber auch verdächtige Personen an die Stadtverwaltung melden und erfüllten damit eine weitere wichtige Funktion im Leben der Gemeinschaft – allerdings nur tagsüber, denn die meisten Villinger Herter waren Taghirten. „D.h., mit Anbruch des Tages lassen sie ihr Herterhorn erklingen, die Ackerbürger öffnen die Ställe, und die Tiere, längst an den langgezogenen Ruf des Horns gewöhnt, strömen dem Sammelort zu", beschreibt Huger den Morgen. „Abends werden sie wieder durch das Signal zum Abtrieb gerufen und trotten, vor der Stadt angelangt, instinktsicher dem heimischen Stall zu", erklärt er das Prozedere zum Sonnenuntergang. Und genau diese Szene ist es, die auf dem Schillerstein dargestellt ist: Der Herter bläst in sein langes Horn, zwei Kühe und ein Schaf sind schon zur Stelle, um ihm zu folgen. „Die Instrumente waren rund eineinhalb Meter lang und bestanden aus Birkenrinde", weiß Henry Greif.

Während es längst keine richtigen Villinger Herter mehr gibt – der letzte überlieferte Vertreter starb am 22. Dezember 1847 – hat sich doch ein Brauch erhalten, den sie einst begründeten: das Kuhreihenblasen am Heiligen Abend. Dabei spielen die Villinger Stadtmusik und ein verkleideter Musiker an verschiedenen Orten in der Stadt und schließlich um Mitternacht auf dem Marktplatz auf. Die Tradition geht vermutlich auf das Jahr 1765 zurück, als sich die Villinger von einer furchtbaren Viehseuche bedroht fühlten und sie aus Dankbarkeit darüber, dass ihre Tiere verschont geblieben waren, schworen, immer am 24. Dezember den Kuhreihen zu blasen. Inzwischen lassen es sich bis zu 1000 Villinger und mehr nicht nehmen, diesem Ereignis andächtig zu lauschen. Auch Henry Greif ist gern dabei, wenn die Münsterglocke am Heiligen Abend zwölf Mal schlägt. An den restlichen 364 Tagen des Jahres erinnert ihn der Schillerstein an die Villinger Herter.

„Dieses Denkmal ist im Bewusstsein der Menschen hier überhaupt nicht verankert, obwohl es nur wenige Meter vom Riettor entfernt steht."

Heike Thissen

So geht's zum Schillerstein:

Er steht in der Grünanlage des Benediktinerrings, in unmittelbarer Nähe zum Riettor, am westlichen Ende der Rietstraße.

Mühlstein

Der Feinschliff erfolgte direkt vor Ort

Er liegt einfach da. Ein großer, runder Mühlstein im Villinger Wald. Wie kam er da hin? Und wozu braucht man im Wald einen Mühlstein? „Mühlsteine brauchte man hier natürlich nicht“, sagt der ehemalige Forstamtsleiter Eberhard Härle schmunzelnd. „Aber man hat sie im Wald gewonnen. Denn unweit der Stelle, an der der Mühlstein heute liegt, befand sich einst ein Mühlsteinbruch.“ Die Steine seien in dem Steinbruch ausgesucht und dann behauen worden. „Man wollte ja nicht unnötig Gewicht transportieren, deshalb hat man sie hier schon grob in Form gebracht“, erklärt er. „Auch die behauenen Steine wogen noch bis zu einer Tonne und waren damit schwer genug.“ Der Feinschliff erfolgte in Steinmetzwerkstätten. Wichtig war dabei, dass der Stein aus einem Stück war und eine raue Mahlfläche hatte. „Ein Satz Mühlsteine bestand aus einem Läufer und einem Unterlieger“, erklärt Härle, der sich ausführlich mit dem Mühlsteinbruch beschäftigt hat. Er weiß auch, dass die Müller ihre Mühlsteine selbst nachschärften, wenn diese sich irgendwann abgenutzt hatten. „Sie haben dazu einen Meisel verwendet“, erklärt er. Der Villinger Geschichts- und Heimatverein, dem Härle auch angehört, schreibt dazu in einer Broschüre: „Die Müller verstanden das Handwerk des Mühlsteinschärfens mit Hilfe des Meisels. Nach gewisser Zeit des Mahlens wurde der Läuferstein mit einem schwenkbaren Galgen abgenommen, um 180 Grad gedreht und die Mahlrinnen nachbehauen. Die gleiche Bearbeitung erfuhr der Unterlieger. Waren die Mühlsteine neu geschärft, konnte durch Justierung der Abstände in beliebiger Feinheit das Getreide ausgemahlen werden.“

Der Bedarf an Mühlsteinen dürfte in Villingen groß gewesen sein: 15 Mühlen, sagt Härle, habe es damals in der Stadt gegeben. Bei den meisten habe es sich um Getreidemühlen gehandelt, es gab aber auch Rindemühlen, in denen Holzrinde verarbeitet wurde. „Man brauchte die Rinde zum Gerben“, erklärt er. „Und dann gab es auch noch ein

Der Mühlstein liegt, verborgen von allerlei Unterholz, mitten im Wald.

paar Ölmühlen, wenn sie in Villingen auch nicht allzu große Bedeutung hatten. Hier wurden Bucheckern und Eicheln gemahlen."

Angetrieben wurden die Mühlen mit der Wasserkraft der Brigach oder, in den abgelegeneren Orten, der ihrer Nebenbäche. „Die Müller lebten oft außerhalb der Stadt – sie mussten sich ja direkt an den Bächen niederlassen und die Arbeit der Mühlräder zog auch einen gewissen Geräuschpegel nach sich", erzählt Härle. „Und obwohl sie nicht innerhalb der Stadtmauern lebten, hatten sie Bürgerrechte und waren sehr angesehen."

Im dichten Unterholz und hohen Gras fast nicht zu erkennen: Ein Rohling der nicht mehr zu einem Mühlstein wurde.

Lang schon müssen keine schweren Mühlsteine mehr geschlagen und mühsam in die Stadt transportiert werden. „Getreideprodukte werden heute in modernen Walzenmühlen hergestellt", sagt Härle. Damit wird der Mühlstein im Wald wohl nie eine Funktion bekommen – aber eine ganz wichtige hat er ja auch schon: an den Mühlsteinbruch zu erinnern, der sich hier in unmittelbarer Nähe befand.

Eva-Maria Bast

So geht's zum Mühlstein:

Vom Kirnacher Bahnhof über die Brigachbrücke, dann links zum Ganterdenkmal, den Römerweg hoch bis zur Ebene, dann rechts ab bis zum Mühlsteinbruch.

Die roten Buchstaben im Torbogen erinnern an einen erfolgreichen Villinger Familienbetrieb.

22

Schriftzug

Familienbetrieb mit 200 Jahre alter Tradition

Manchmal sind es die kleinen und die unscheinbaren Dinge, an denen sich große Geschichten erzählen lassen. Diese Erfahrung macht auch Norbert Trippl in seinem Arbeitsalltag immer wieder. Und deswegen ist der Leiter der SÜDKURIER-Redaktion in Villingen besonders aufmerksam, wenn ihm scheinbar unbedeutende Kleinigkeiten auffallen – wie zum Beispiel der Torbogen mit Schriftzug in der Bärengasse, der sich nur wenige Meter Luftlinie von seinem Arbeitsplatz entfernt befindet. *J. Görlacher* steht dort in roten Lettern und verschnörkelter Schrift zu lesen. Trippl kann erklären, was es damit auf sich hat.

„Es war im Jahr 1817, als der Villinger Schlossermeister Ignaz Görlacher in der Bickenstraße eine Schlosserei-Werkstatt gründete", beginnt der Journalist zu erzählen. Nach seinem frühen Tod übernahm der zweitjüngste Sohn Fridolin die Schlosserei und zog mit ihr in die

Obere Straße um, wo er eine neue Schlosserwerkstatt errichtete. „Im Lauf der Jahre vergrößerte sich das Unternehmen immer mehr. Aus der Werkstatt an der Oberen Straße entwickelte sich der Ladenraum, in dem bald schon die ersten Fahrräder, Öfen und Herde ausgestellt waren. Die Schlosserei wanderte erst in den rückwärtigen Teil des Gebäudes und wurde schließlich um eine Mechanikerwerkstatt bis in die Bärengasse erweitert", erklärt Norbert Trippl. Und hier kommen Torbogen und Schriftzug ins Spiel, denn für den Betrieb der Werkstatt war es praktisch und sinnvoll, auch über die Bärengasse den Zugang zu ermöglichen.

SÜDKURIER-Lokalchef Norbert Trippl arbeitet unweit des Schriftzugs, der über ihm zu sehen ist. Kein Wunder, dass er erklären kann, was es mit ihm auf sich hat.

„Die dritte Generation der Görlachers war es ab 1890 dann, die das Produktportfolio deutlich erweiterte. Denn von nun an betrieben Ignaz Görlacher II. und sein Schwiegervater nicht nur den Schlosserbetrieb und den Stahlhandel, sondern auch das Autogeschäft", erzählt Trippl die Geschichte weiter. Bereits um die Jahrhundertwende waren bei Görlacher die ersten Motorräder zu bekommen, wenig später folgten Autos und das Angebot, diese zu reparieren, zu pflegen und zu warten. Nach dem Ersten Weltkrieg ging es damit derart bergauf, dass die Räume zwischen Oberer Straße und Bärengasse zu klein wurden. Also entstanden 1925 an der Mönchweilerstraße eine größere Werkhalle und Autowerkstatt, außerdem Lager- und Büroräume.

„Den Laden in der Oberen Straße behielt das Unternehmen weiter und errichtete das Geschäftshaus neu, nachdem es 1936 abgebrannt war. Alte Villinger erinnern sich noch daran, dass in dem neuen Verkaufsraum das erste Cabrio von Mercedes zu sehen war", beschreibt Norbert Trippl die Bedeutung des Familienbetriebs für die Stadt. „So richtig erfolgreich wurde das Unternehmen nach dem Zweiten Weltkrieg mit dem Fortschritt der Technik und zwar, indem es sich immer auf mehrere unterschiedliche Standbeine stellte", sagt der Journalist. Ein Autosalon gehörte ebenso zum Unternehmen wie Stahlbau und Leichtstahlbau. „Als Kind war ich oft in dem stets gut besuchten Eisenwarenladen der Görlachers. Ich weiß noch, dass er bis zur Decke mit Schrauben, Nägeln und anderen Waren vollgepackt war. Viele Hand- und Heimwerker versorgten sich hier früher mit Material. Das war ja die Zeit, als es noch keine Baumärkte gab", erinnert er sich. Und noch heute gehört „Ignaz F. Görlacher Bleichformteile" zu den Villinger Unternehmen mit Erfolgsgeschichte.

Der rote Schriftzug im Torbogen mag unscheinbar aussehen, aber er ist ein untrügliches Zeichen dafür, dass Familiengeschichte immer auch ein Stück Stadtgeschichte ist. Denn das Unternehmen Görlacher gibt es heute, 200 Jahre nach seiner Gründung, immer noch. Und noch immer ist es ein Familienbetrieb – inzwischen in sechster Generation.

Heike Thissen

So geht's zum Schriftzug:

Der Schriftzug J. Görlacher ist im Torbogen des Gebäudes Bärengasse 9 in Villingen zu sehen.

Petrelli

Fenster

Schreckliches Schicksal für rund 50 Villinger

Sie sehen eigentlich harmlos aus, die Fenster im ersten Obergeschoss des Alten Rathauses. „Man würde heute gar nicht mehr vermuten, dass hinter diesen Fenstern im 16. und 17. Jahrhundert einst Mädchen und Jungen, Männer und Frauen ein Urteil empfingen, das ihr Leben beenden sollte", sagt Stadtführer Gunther Schwarz. Denn hinter diesen Fenstern wurde in Hexenprozessen Gericht gehalten. Außerdem habe sich hier der „Kefig", also das Gefängnis, befunden, in dem die Verurteilten auf ihre Hinrichtung warteten – und das hieß Tod durch Verbrennen bei lebendigem Leib. Nur, wenn die Richter Gnade walten ließen, wurden die angeblichen Hexen zunächst enthauptet. „Das setzte aber voraus, dass der oder die Beschuldige vorher gebeichtet hatte", sagt Gunther Schwarz. Benediktinerabt Gaisser schrieb zum Beispiel in seinem Tagebuch über die 1641 hingerichtete Anna Morgin, sie habe geschrien: „Verbrennt mich nicht lebend, so gebt mir die meinesgleichen zustehende Vergünstigung und nehmt mir vorher den Kopf."

Unter den rund 60 Männern und Frauen, die in Villingen als Hexe oder Hexer hingerichtet wurden, ist auch Eva Fleigin, die 1541 „nach mehrmaliger Tortur" gesteht, „einen Buben zwischen die Schulter geschlagen (verhext) zu haben, der dann starb, ferner zu Mönchweiler mit einer Neyerin durch das Fenster geredet zu haben (also sie verhext zu haben) und diese (sei) nach drei Stunden gestorben", schreibt Heimatforscher Werner Huger in seinem fundierten Aufsatz über die Villinger Hexen, in dem er überwiegend aus den damaligen Ratsprotokollen zitiert: „Natürlich gibt auch sie zu: das Schlagen von Vieh, Tanz auf dem Haßler, dabei Wein in Eierschalen, Tanz bei der Ziegelhütte, zum Tanz gefahren, dabey sei der Kraut auch gewesen, mit einer gedantzt, die nicht mehr am Leben." Eva Fleigin ist seit drei Jahren die Magd des Hans Jakob Kraut, Sohn des berühmten Hafnermeisters, also Ofenbauers, Hans Kraut, und ihre Aussage wird ihrem Arbeitgeber

So idyllisch die Szenerie auch wirken mag: Hinter diesen Fenstern wurden einst grausame Urteile gesprochen.

zum Verhängnis. „Unter der peinlichen Befragung – peinlich kommt von der Pein, die die Verhafteten erlitten, denn man erzwang die Aussagen unter Folter – gestanden viele Beschuldigte, im Kontakt mit anderen Hexen gewesen zu sein und denunzierten damit Unschuldige, um keine weiteren Schmerzen erleiden zu müssen", erklärt Schwarz. Weiter sagt er: „Bei Jakob Kraut fand ich besonders interessant, dass es ein Mann und Ratsherr, also eine angesehene männliche Person, war, denn die Mehrzahl der Opfer waren Frauen und nur 16 Prozent Männer. Als man ihn verhaftete und peinlich befragte, war er schon 73 Jahre alt." Werner Huger schreibt: „Und als er bittet, man wolle ihn seines hohen Alters wegen verschonen, wolle alles in Güte sagen, da hat man ihn nicht wieder aufgezogen und er gestand alles, was das Richterkollegium von ihm hören wollte, wobei auch er noch andere Personen nennt." Er zitiert den Beschuldigten: „Wolle gern und willig sterben und muß sein Mißhandlung leiden; bitte Gott, das nur die Stund bald vorhanden seye". Der Hafner habe „die Verleugnung Gottes, die Teilnahme an verschiedenen Hexentänzen" gestanden, „versucht aber immer wieder, so gut es geht, den Schadenszauber ‚Leut verdorben und Vieh geschlagen' abzuleugnen. Mit dieser Taktik könnte er u. U. erreichen, daß er nur einer kirchlichen Strafe – etwa der Exkommunikation zugeführt würde, statt wegen Schadenzauber zum Tode verurteilt zu werden. Es nützte ihm nichts, die Folter war stärker", berichtet Huger und Schwarz betont, dass der langjährige Ratsherr Hans Jakob Kraut gewusst habe, was auf ihn zukam, als man ihn mit der Anklage konfrontierte. „Denn

Gunther Schwarz weiß, welche Dramen sich einst hinter diesen Fenstern abgespielt haben.

in vorangegangenen Prozessen, war er selbst an den Verfahren beteiligt, und auch er sorgte für die Schuldsprüche in seiner Funktion als Ratsherr."

Hans Kraut und seine Magd sterben am 22. April 1641. Bevor man sie verbrennt, werden sie enthauptet. „Man hat also Gnade walten lassen", sagt Schwarz.

Die Hexenverurteilungen und Verbrennungen in Villingen seien meist in Wellen erfolgt, zum Beispiel nach einem Unwetter oder einer Missernte, für die dann ein Schuldiger gesucht wurde. Sie zogen sich durch alle Bevölkerungsschichten und machten auch vor der Oberschicht nicht Halt. „In den Jahren 1641/42, also genau in der Zeit, als das Urteil auch Kraut traf, grassierte in Villingen die Hexenjagd sogar in erster Linie in der Oberschicht", sagt Schwarz und ergänzt: „Bezeichnend finde ich es ja, dass die Angeklagten die Prozesskosten tragen mussten, und für ihre Hinrichtung auch noch bezahlen mussten."

„Bezeichnend finde ich es ja, dass die Angeklagten die Prozesskosten tragen mussten, und für ihre Hinrichtung auch noch bezahlen mussten."

Eva-Maria Bast

So geht's zu den Fenstern:

Die Fenster, hinter denen sich einst der Gerichtssaal befand, sind im zweiten Stock des Villinger Rathauses zu entdecken. Das Alte Rathaus steht in der Rathausgasse 1.

F.G.
Ehrt Eure deutschen Meister
Hans Sachs

24

Hans-Sachs-Relief

Und täglich grüßt der Schuster

Mit der Schwenninger Innenstadt verhält es sich wie mit den meisten Fußgängerzonen in Deutschland, Europa und der Welt: Die Menschen, die hier einkaufen, haben ihren Blick fest auf die Straße oder die Schaufenster gerichtet – egal, ob sie zielstrebig ihres Weges gehen oder entspannt bummeln. Eines jedoch tun sie dabei nicht, nämlich nach oben schauen. So entgeht ihnen manch geheimnisvolles Relikt, das eine spannende Geschichte zu erzählen hätte. Ein gutes Beispiel dafür ist das Hans-Sachs-Relief in der Friedrich-Ebert-Straße.

„Wenn man die Schwenninger nach diesem Relief fragt, werden die wenigsten wissen, was gemeint ist", vermutet Heimatkenner Siegfried Heinzmann. Er selbst hat sich ausführlich mit dem Relief und seiner Herkunft beschäftigt. „Es geht zurück auf das Schuhgeschäft Würthner, das sich hier einst befand. Das war eine alteingesessene Familie in der Stadt, deren Wurzeln sich bis ins Ende des 16. Jahrhunderts zurückverfolgen lassen", erklärt Heinzmann. Die Darstellung zeigt in der Mitte einen Schuster, der einen Schuh bearbeitet, während seine Kunden hinter ihm schon ungeduldig darauf warten, dass er fertig wird. *Ehrt Eure deutschen Meister – Hans Sachs*, ist als Inschrift darunter zu lesen. Sachs (1494-1576) lebte im ausgehenden Mittelalter in Nürnberg und war nicht nur Spruchdichter, Meistersinger und Dramatiker, sondern auch Schuhmacher. Durch Richard Wagners Oper „Die Meistersinger von Nürnberg" gelangte er fast 300 Jahre nach seinem Tod zu Ruhm und Ehre.

Dass Hans Sachs in der Schwenninger Innenstadt verewigt ist, verdankt er dem Ehepaar Erwin und Käthe Würthner, die hier in den Jahren 1929 und 1939 die Gebäude mit den Hausnummern 17 und 19 errichten ließen. Damals hieß die Straße noch Hindenburgstraße, erst nach dem Zweiten Weltkrieg wurde sie umbenannt. „Die Würthners beauftragten den renommierten Architekten Alfons Daiber aus Stutt-

Hoch droben über den Köpfen der Passanten erinnert das Hans-Sachs-Relief an die Jahrhunderte alte Schuhhandwerks-Tradition der alteingesessenen Familie Würthner.

gart, der später Stadtbaudirektor von Hamburg wurde", hat Siegfried Heinzmann herausgefunden. Die Geschäfte liefen so gut, dass die Einzelhändler aus der Stadt auf der Baar 1935 und 1936 einen gleichgroßen Anbau errichten ließen. Nur durch eine dünne „Naht" in der Außenmauer ist heute noch zu erkennen, dass es sich nicht um ein, sondern um zwei Gebäude handelt. Und genau auf dieser Trennlinie zwischen den beiden ist das Hans-Sachs-Relief angebracht.

„Erwin und Käthe Würthner haben nach Abschluss ihres Bauvorhabens für diese Arbeit den Bildhauer Fritz von Graevenitz gewonnen."

„Erwin und Käthe Würthner haben nach Abschluss ihres Bauvorhabens für diese Arbeit den Bildhauer Fritz von Graevenitz gewonnen. Der galt im Dritten Reich als einer der renommiertesten seiner Branche in Deutschland", geht der gebürtige Schwenninger auf die Entstehungsgeschichte des Relikts ein. „In der Endphase des Zweiten Weltkriegs nahm ihn Hitler im August 1944 in seine sogenannte Gottbegnadeten-Liste der wichtigsten Bildenden Künstler auf, was ihn vor dem Kriegsdienst bewahrte." Eine zweifelhafte Ehre, die ihm da zuteil wurde.

Bis 2016 wurden in den Ladenräumen unter dem Relief, die das Ehepaar Würthner geschaffen hatte, Schuhe verkauft – erst von ihren eigenen Nachfahren, später von Pächtern. Inzwischen erinnert an die jahrhundertelange Tradition des Schuhhandwerks in der Schwenninger Familie nur noch Hans Sachs, dem die Kunden über die Schultern gucken.

Heike Thissen

So geht's zum Hans-Sachs-Relief:

Es befindet sich an der Außenfassade der Häuser Friedrich-Ebert-Straße 17 und 19 in Schwenningen auf Höhe des zweiten Stockwerks.

Hansjörg Fehrenbach genießt hoch oben auf dem Aussichtsturm den Blick ins Tal.

25

Aussichtsturm

Leuchtfeuer zur Einweihung

Beides sieht gut aus: Der Turm als solcher und der Blick von oben runter. Beim 1888 errichteten Aussichtsturm *Auf der Wanne* handelt es sich um einen der ältesten Stahlfachwerktürme der Welt, die Konstruktion ist unglaublich beeindruckend. Hansjörg Fehrenbach kennt jede Schraube, schließlich war er 30 Jahre lang bei der Stadt Villingen-Schwenningen in der Bauverwaltung tätig und in dieser Funktion für die Betreuung des Turms verantwortlich. Die Sanierung 1999 bis 2001 lief unter seiner Federführung. Mit dem geplanten Fest zur Wiedereröffnung wurde es aber nichts: Es war auf den 16. September 2001 angesetzt und wegen des Terroranschlags auf das World Trade Center in den USA wenige Tage zuvor wurden alle Feierlichkeiten abgesagt. Auch beim zweiten Anlauf klappte es nicht – diesmal war das Wetter einfach zu schlecht.

All die Menschen, die mehr als hundert Jahre zuvor, 1888, zur

Eröffnung des Turmes gekommen waren, hatten mehr Glück: Da „uns der liebe Gott zur Bewunderung der Werke seiner Allmacht gutes Wetter geschickt hat, so wird sich, obgleich die Luft nicht völlig klar und durchsichtig, vom Thurme aus ein herrliches, malerisches Panorama entrollen, daß Ihr Auge entzücken und Sie vollauf befriedigen dürfte", wie Oberförster Ganter (siehe Geheimnis 05) in seiner Begrüßung sagte. Er war es auch gewesen, der den Bau des Turmes, gemeinsam mit dem Verschönerungsverein, initiiert hatte. „Oberförster Ganter lag der Fremdenverkehr sehr am Herzen, mit dem Bau des Turmes wollte er ihn ankurbeln", erklärt Hansjörg Fehrenbach. „Es wurde eine Genossenschaft gegründet und wer das Vorhaben unterstützen wollte, konnte entsprechende Aktien zeichnen." Am 17. September 1888 war es dann endlich soweit: Der Aussichtsturm wurde feierlich eröffnet, was in Villingen für helle Aufregung sorgte. „Die gestern stattgefundene Eröffnung des Aussichtsthurmes brachte die ganze Stadt in Bewegung und auch von Auswärts war eine bedeutende Anzahl Besucher eingetroffen", schrieb die Zeitung *Der Schwarzwälder*. Der große Tag wurde früh morgens mit donnernden Böllerschüssen eingeleitet, um 11 Uhr feierten die Mitglieder der Aussichtsthurmgenossenschaft den gelungenen Abschluss des Projekts mit einem Frühschoppen im Deutschen Hof, „wo man sich bei vorzüglichem Stoffe zur eigentlichen Feier am Nachmittag vorbereitete", wie die Zeitung schreibt. Und weiter: „Nachmittags halb zwei Uhr spielte die Kapelle der hiesigen Feuerwehr einige Musikstücke auf dem Marktplatze. Hierauf

Beeindruckend: der Mini-Eiffelturm von Villingen.

begab man sich zum Thurm auf die Wannenhöhe wo Herr Oberförster Ganter die Anwesenden [...] begrüßte." Am Abend gab's dann noch ein Feuerwerk und der Turm wurde bengalisch beleuchtet. „Punkt 7 Uhr werden wir unsere feurigen Grüße zum Himmel senden", hatte Oberförster Ganter angekündigt.

Natürlich bestiegen die Gäste auch den Turm und genossen von oben die Aussicht. Stahltürme waren in jenen Tagen in Mode – nach dem Vorbild des Eiffelturms in Paris, der in den Jahren 1887 bis 1889 gebaut wurde. „Auch, wenn man das natürlich nicht vergleichen kann, haben wir hier immerhin einen kleinen Eiffelturm", scherzt der geschichtsinteressierte Villinger und erzählt: „Den Touristen war richtig was geboten, das war wie ein kleiner Freizeitpark. Es gab am Fuße des Turms auch noch eine Sommerrodelbahn und eine kleine Gaststätte."

Umsonst war das Vergnügen allerdings nicht: 7 Pfennig kostete der Eintritt auf den Turm. „Irgendwann hat man dann aber festgestellt, dass der Mann, der die Eintrittsgelder kassiert, teurer ist als das, was an Eintrittsgeldern zusammenkommt, fortan wurden die Karten in der Gaststätte bezogen", erzählt Fehrenbach die Geschichte weiter, die aber 20 Jahre später eine harte Wendung nahm. Das Interesse ließ immer weiter nach, sodass die Genossenschaft den Turm schließlich 1911 kostengünstig an die Stadt abgab.

Der Eiffelturm von Villingen fiel in einen Dornröschenschlaf. Bis Jahrzehnte später Hansjörg Fehrenbach und engagierte Bürger der Stadt kamen und ihn wieder wachküssten.

Eva-Maria Bast

So geht's zum Aussichtsturm:

Der Aussichtsturm „auf der Wanne" ist über die Straße „Auf der Steig" erreichbar: Von Villingen kommend fährt man dort, wo die Straße eine Linkskurve macht, geradeaus, dann geht es nach wenigen Metern rechts in den Wald zum – unübersehbaren – Aussichtsturm.

S
O
N
W

26

Wetterfahne

Wo sich Villingens Schönste treffen

Wetterfahnen zeigen an, aus welcher Richtung der Wind weht. Oft ist es ein Hahn oder ein anderes Tier aus Metall, das auf einem Pfeil steht, und anhand einer Windrose das Ablesen der Himmels- und der Hauptwindrichtung ermöglicht. Diese Funktion erfüllt die Wetterfahne auf dem unscheinbaren Schopf am Fuß des Villinger Hubenlochs genauso einwandfrei wie Millionen andere auf der ganzen Welt. Doch was die Figur angeht, die hier die Windrichtung anzeigt, so unterscheidet sie sich grundlegend von allen anderen Wetterfahnen: Bei genauem Hinsehen lassen sich zwei Beine in bemalten Hosen, ein großes Holzbrett und ein darauf befestigter Teddy erkennen. Für jemanden, der in der Villinger Fasnet nicht bewandert ist, ergibt dieses Bild überhaupt keinen Sinn. Für jemanden wie Roland Weißer hingegen gehört es zu den schönsten Motiven, die er sich vorstellen kann.

„Diese Wetterfahne zeigt einen Wuescht“, erklärt der Altvillinger und passionierte Fasnetsakteur, „und sie passt nirgendwo besser hin als hier.“ Denn in dem Schopf, dessen Dach sie ziert, liegt einer der vielen Dreh- und Angelpunkte der Villinger Fasnet: das Lager, in dem die Wueschte ihr Stroh, ihre Krätzen und ihre Tannenzapfen aufbewahren und wo sie ihre Hosenbeine ausstopfen. Doch von vorn.

„Die Wueschte sind ganz besondere Traditionsfiguren der Villinger Fasnacht“, weiß Roland Weißer, seit er ein kleines Kind war. Fünf Jahre war der heutige Wuescht-Vater alt, als er von seinem Vater – ebenfalls Wuescht – das erste Mal in ein Häs gesteckt und zur Fasnet mitgenommen wurde. „Seither habe ich keine einzige Fasnet gefehlt. Und auch meine drei Söhne und zwei meiner Enkelkinder sind schon als Wueschte unterwegs“, zählt er nicht ohne Stolz auf. Weißer sagt, dass es gleich mehrere Erklärungsansätze dafür gibt, woher der Wuescht – oder Wuascht, wie die mundartlich korrekte Schreibweise lautet – seinen Namen hat.

Nur Kenner der Villinger Fasnet erkennen, was diese Wetterfahne zeigt.

Eine ist die Herleitung über das Adjektiv „wüst“: „Als ‚Wuascht‘ wurden ungehobelte, grobe Leute bezeichnet, meistens Männer. Das ist die Erklärung, die am häufigsten genannt wird“, sagt Weiser. Doch der Volkskundler Michael Joseph Heinrich Zimmermann merkt in einem Aufsatz über die Fasnetfigur an, dass der Villinger Dialekt einer solchen Deutung eigentlich im Wege steht: „‚Wuascht‘ ist eben nicht ‚wiascht‘“, schreibt er. Der Villinger kommt zu einem ganz anderen Schluss über die Herkunft des Namens. „Mit an Sicherheit grenzender Wahrscheinlichkeit steht mithin zu vermuten, daß [sic] der Wuascht, der einst nur am Fas(t)nachtsdienstag und bis in die Morgenstunden des Aschermittwochs hinein gerannt sein soll, als Symbolfigur der Fleischeslust zu den urtümlichen Gestalten der Villinger Fasnet gehört“, erklärt Zimmermann. In der Tat verkörpere er sie sogar, diese Lust, bis sie von der anrückenden Fasten vertrieben wird.

Roland Weißer kennt sich mit Wueschten und Krätzen hervorragend aus.

Der Wuescht ist mit einem alten, abgetragenen Narrohäs bekleidet, das kunstvoll bemalt ist. Die Hose ist dabei so prall mit Stroh gefüllt, dass die Hästräger kaum noch gehen können. In den Händen trägt der Wuescht einen Besen und seine Maske, eine alte sogenannte Scheme aus Holz, die er sich seitlich vor das Gesicht hält. Das wichtigste Utensil eines Wuescht aber ist das türgroße Brett namens Krätze, das er auf dem Rücken trägt. Es ist mit einer Lumpenpuppe bemalt und schützt seinen Besitzer vor den Wurfgeschossen, die Kinder und Jugendliche auf ihn abfeuern. „Früher wurden die Wueschte mit Steinen beworfen. Inzwischen sind es nur noch Tannenzapfen, die wir am Straßenrand zur Verfügung stellen“, erklärt Roland Weißer. Doch nur, wer seinen Besen nach oben hält, darf auch beschossen werden. Und dann heißt es: Lauf, Wuescht, lauf! Wobei das mit den strohgefüllten Hosenbeinen gar nicht so einfach ist.

Bis sie die Wueschte bewerfen können, müssen die Zuschauer der Villinger Fasnetsumzüge jedoch geduldig warten. Denn erst am Ende des Zuges kommen die feisten Gestalten: „Am Schluss no kummet die Schönste, hei, dös isch e suberi Sach. / De Wuescht mit sirä Grätze, jetz guck au wie älles lacht!“, beginnt die fünfte Strophe des Villinger Schunkelliedes aus dem Jahr 1950. Dass mit der Schönheit sei natürlich ironisch gemeint, erklärt Roland Weißer. „Während sich alle zur Fasnet herausputzen, machen wir uns absichtlich hässlich.“ Bis heute sind es ausschließlich Männer, die ins entsprechende Häs schlüpfen, und wer nicht in eine Wuescht-Familie hineingeboren wurde, hat geringe Chancen, aufgenommen zu werden.

„Am Schluss no kummet die Schönste, hei, dös isch e suberi Sach.“

Für all diese Details steht die Wetterfahne auf dem mehr als 100 Jahre alten Schopf der Familie Ummenhofer. Und das ist kein Zufall. „Adolf Ummenhofer war auch Mitglied in der Wuescht-Gruppe und überließ uns 1980 die Scheuer für unsere Zwecke. Seit 1985 findet hier die – meiner Meinung nach – beste aller Fasnets-Zeremonien statt, nämlich das Stopfen der Wueschte“, sagt Roland Weißer. Er freut sich jedes Jahr von neuem auf den Moment, wenn sich die Wueschte in der Scheuer unter der Wetterfahne treffen und aus dünnen Männern dicke Fasnetsfiguren werden.

Heike Thissen

So geht's zur Wetterfahne:

Die Wetterfahne ist auf dem Dach der Ummenhofer Scheuer zu sehen. Diese steht in der Vöhringer Straße 13 in VS-Villingen.

Suweg

Zwei Eigentümer im Zwist

Sie konnten einander nicht leiden. Genauer: Sie waren sich spinnefeind, die beiden einstigen Besitzer der Spitalhöfe. Das war im 19. Jahrhundert und längst haben beide im Jenseits hoffentlich ihren Frieden gefunden. Doch ein Überbleibsel dieses Streits gibt es noch heute – und es führt mitten über die Spitalhöfe. Es handelt sich um eine kleine, im Jahr 1850 gebaute, Straße, in Villingen als Suweg bekannt. Dass der Name dieses Weges im Grunde falsch ist und was diese Straße mit dem Streit zu tun hat, weiß Werner Biselli zu erzählen, der seit Jahrzehnten auf den Spitalhöfen wohnt.

„Im Schwarzwald war es ja so, dass meistens die Erstgeborenen einen Hof erbten. Im Fall der Spitalhöfe gab es aber zwei Erstgeborene, nämlich Zwillinge", sagt er. Deshalb bekam einer den Hof und für den anderen wurde auf der anderen Seite des Grundstücks der Hintere Spitalhof gebaut. „Der eine Zwilling, Philipp, blieb auf dem Stammhof, Hans Georg bekam den neu erbauten Hof", erzählt Biselli die Geschichte weiter. Zu diesem Zeitpunkt verlief nur ein Weg, der sogenannte Kirchweg, durch das Grundstück. Dieser Weg führte zur Pfarrei Kirchdorf, die die Hofbewohner sonntags mit der Kutsche zum Kirchgang besuchten. Die kleine Straße verlief über beide Grundstücke, wer sie also beging oder befuhr, querte das Grundstück des jeweils anderen. Solange die Brüder auf dem Hof lebten, war das kein Problem. Doch später führte genau dieser Umstand zum Streit. Er entbrannte zwischen dem Mann, der Hans Georgs Hof kaufte, Nikolaus Neugart, und Philipps Nachfolger, Lorenz Neininger.

Der Kompromiss: Eine neue Straße, der heutige Suweg, sollte gebaut werden. Doch nun stritten die beiden wegen der Trassenführung, wegen der Baukosten und wegen des Unterhalts, sodass es schließlich 22 Jahre dauerte, bis die Straße wirklich realisiert werden konnte. Klar: Wenn zwei ohnehin schon streiten, sind heftige Auseinandersetzungen bei einem gemeinsamen Bauprojekt vorprogram-

Werner Biselli weiß: Um diesen Weg wurde einst ambitioniert gestritten.

miert. Die Auseinandersetzungen dauerten, bis ein höchstrichterlicher Spruch den Spuk beendete. Doch der Name der Straße war nun gesetzt: „Die beiden haben sich verstritten, sie waren ‚suer' miteinander", begründet der Villinger. Es gibt allerdings noch eine andere Erklärung zur Entstehung des Namens, die aber einen ähnlichen Kern hat. Dass nämlich der Bau der Straße und obendrein noch der Prozess so teuer waren, dass es den Kontrahenten sauer aufstieß. Die kleine Straße heißt doch heute aber „Suweg" und nicht Suerweg?
Der Spitalhof-Bewohner hat auch dafür eine schlüssige Erklärung: „Im Laufe der Jahre hat sich das sprachlich abgeschliffen", sagt er. „Und das wurde durch den Umstand verstärkt, dass ‚Su' das alemannische Wort für Sau ist – und auch hierzu eine schöne Geschichte existiert: Auf dem hinteren Spitalhof wurde ein Eber gehalten und die Leute benutzten diesen Weg, um ihre Schweine zum Eber zu bringen."

Ein „Sauweg" ist irgendwie schöner als ein „saurer Weg". Zumal man auf den Spitalhöfen ja ob ihrer idyllischen Lage wirklich sauglücklich sein kann.

Eva-Maria Bast

So geht's zum Suweg:

Er verläuft mitten über die Spitalhöfe im Ortsteil Pfaffenweiler.

Ingrid Beck blickt zu dem Medaillon empor.

28

Medaillon

Tracht aus Österreich im Schwarzwald

Es gibt viel zu entdecken am ehemaligen Gasthaus Raben. Doch wenn die Villingerin Ingrid Beck sich für eine Sache entscheiden müsste, die sie für besonders beachtenswert hält, dann braucht sie nicht lange zu überlegen. „Das ist von der Oberen Straße aus betrachtet die Darstellung ganz links, die eine Frau und einen Mann in Villinger Tracht zeigt", erklärt sie.

Dass es sich um Villinger Tracht handle, sei vor allem an der Art der Haube, die die Frau im linken Medaillon trägt, gut zu erkennen. „Auf dem Medaillon ist eine aus dem späten Rokoko stammende vorderösterreichische Kopfbedeckung, eine so genannte Radhaube, abgebildet", erklärt Ingrid Beck. Sie weise sozusagen den Weg in die habsburgische Vergangenheit der Stadt. Denn 1326 verkauften die Fürstenberger Villingen für 7500 Mark Silber an Herzog Albrecht II. von Österreich (1298-1358). Nach einer massiven Auseinandersetzung hatte der Habsburger die Stadt am Rande des Schwarzwalds „in seinen Schutz" genommen. Was damals vermutlich weder er noch seine neuen Untertanen ahnten: Diese „Schutz-Herrschaft" sollte fast 500 Jahre dauern. Bis zu Beginn des 19. Jahrhunderts war Villingen eine habsburgische Landstadt, die sich zwar in ihrer Außenpolitik an der ihrer Herrscher ausrichtete, die Innenpolitik jedoch weitgehend unabhängig von Vorderösterreich organisierte.

„In jenen Jahrhunderten entwickelte sich wegen dieser besonderen politischen Verhältnisse die Tracht hier in der Stadt anders als draußen auf dem Land", sagt Ingrid Beck. Villingen-Kenner Lambert Hermle hat das in einem Beitrag für den Geschichts- und Heimatverein gut zusammengefasst: Die Tracht „unterscheidet sich nach Landschaften, Konfessionen und dem Familienstand der Trägerin sowie auch in Werktags- und Sonntagstracht. Ebenfalls spiegelt sich die Zugehörigkeit zur jeweiligen Herrschaft im Aussehen der Tracht wider." Was die Menschen im Schwarzwald wann trugen, war also von vielen unterschiedlichen Faktoren abhängig – unter anderem davon, ob die Landesherren oder die Zünfte hier das Sagen hatten oder jemand anders.

Hoch über den Köpfen der Passanten ist eine Alt-Villingerin in typischer Tracht zu sehen.

Was die Tracht der Villingerin an der Hausfassade angeht, so ist diese Herrschaftszugehörigkeit vor allem in der Radhaube zu erkennen. Denn diese ist unter anderem auch in anderen Städten am Bodensee, in Oberschwaben, in der Schweiz und Österreich zu finden – in jenen Regionen, die einst ebenfalls zu Vorderösterreich gehörten „Früher bestand sie aus Gold und

Silberplätt. Für eine echte Villinger Radhaube brauche ich zwischen 400 und 800 Arbeitsstunden", sagt Ingrid Beck über den Aufwand, den sie und andere Frauen in der Stadt betreiben, um die Tradition der Tracht am Leben zu erhalten.

Natürlich trägt eine Altvillingerin eine zur Kopfbedeckung passende Tracht. Das Kleid besteht aus einem weitschwingenden Rock und einer Jacke und ist meist aus Seidenstoff oder Wollstoff in verschiedenen gedeckten Farben hergestellt. Ärmel und Halsausschnitt sind mit weißer Spitze besetzt. Über ihren Schultern tragen die Frauen ein seidenes Tuch mit geknüpften Fransen, um die Hüfte binden sie sich eine Schürze aus Seide. Weiße Handschuhe, weiße Trachtenstrümpfe und schwarze Spangenschuhe mit flachen Absätzen machen das Outfit komplett. „Eine typische Schwarzwaldtracht gibt es nicht, weil sie sich in jedem Dorf anders entwickelt hat und jede Tracht nur einen bestimmten Zeitabschnitt widerspiegelt. In St. Georgen tragen sie zum Beispiel Rosenhüte, in Schwenningen Strohzylinder und hier in Villingen eben Radhauben." Wer Ingrid Beck und weitere Altvillingerinnen sehen will, muss zur Fasnet oder zu hohen kirchlichen Festtagen in die Stadt kommen, an denen die Trachtengruppe mitwirkt.

Außerhalb dieser Gelegenheiten gibt es immerhin das Medaillon am ehemaligen Gasthaus „Raben", das die Villingerin zeigt. Es stammt zusammen mit dem restlichen Fassadenschmuck vom Villinger Maler Albert Säger (1866-1924). Er übernahm die Bemalung 1911, nachdem der alte Gasthof „Raben" 1910 abgerissen und an seiner Stelle ein Neubau errichtet worden war. Wenn man mit jemandem wie Ingrid Beck unterwegs ist, gibt es an der Fassade noch viel mehr zu entdecken, als sich auf den ersten Blick vermuten lässt.

Heike Thissen

So geht's zum Medaillon:

Das Medaillon, das die Villingerin mit ihrer Haube zeigt, befindet sich an der Fassade des ehemaligen Gasthaus Raben (Obere Straße 13).

Pfähle

Mondkalender oder Konstruktionshilfe?

Eins, zwei, drei, vier … Zehn Holzpfähle ragen aus dem Magdalenenberg in den strahlend blauen Himmel hinauf und manch einer derer, die hier auf der Suche nach Erholung vorbeispazieren oder joggenderweise etwas für ihre Gesundheit tun, werfen den mehr als mannshohen Stäben einen verdutzten Blick zu. Auch Peter Graßmann kommt oft hier vorbei und betrachtet die Stäbe dann jedes Mal. Aber nicht, weil er sich über sie wundern würde, sondern weil er sich über sie freut. Der Kunsthistoriker war nämlich im Rahmen der Gestaltung des vom Franziskanermuseum initiierten Keltenwegs selbst an ihrer Aufstellung beteiligt, um durch sie einen spannenden Teil des 616 v. Chr. entstandenen größten Grabhügels Europas sichtbar zu machen.

Der wissenschaftliche Mitarbeiter im Franziskanermuseum hat sich intensiv mit dem hallstattzeitlichen Magdalenenberg und seiner Geschichte beschäftigt, weiß dank Knochenfunden, dass der hier bestattete Fürst um die 40 war als er starb, etwa 1,75 Meter groß und vermutlich Bogenschütze. Und er war sehr reich, wie die Größe des Grabhügels anzeigt. „Woher der Reichtum kam und worauf sich seine Macht gründete, wissen wir nicht“, sagt Graßmann. „Aber der Standort könnte eine Rolle gespielt haben.“ Denn dort, wo der Fürst bestattet ist, befand sich wohl auch sein Lebensmittelpunkt – am Eingang des Schwarzwaldes, noch auf der Hochebene der Baar, nahe der Schwäbischen Alb. „Vielleicht haben sich hier Handelswege getroffen und der Fürst kam durch die Einfuhr von Zöllen oder ähnlichem zu Reichtum.“

Der Kunsthistoriker und ehrenamtliche Denkmalpfleger weiß, dass zum Magdalenenberg schon vielfach geforscht wurde, zum Beispiel 1890, als es Grabungen gab, bei denen auch der Trichter entstand, der die Fantasie manch eines Villinger Kindes anregte, das einen Schatz in ihm wähnte (siehe *Villingen-Schwenninger Geheimnisse – Band 1*).

Peter Graßmann hat sich zwischen den Stäben eingereiht.

Bei einer weiteren Untersuchung im Jahr 1970 wurden dann im Grabhügel auch mehrere Holzstangen entdeckt – eben solche, wie sie jetzt oben auf dem Magdalenenberg fest in der Erde stecken. „Man hat herausgefunden, dass es fünf solcher Stangenreihen gab, die in verschiedene Richtungen zeigten und von der Mitte des Hügels nach außen führten. Was sie für eine Funktion hatten, weiß man bis heute nicht genau und man weiß auch nicht, ob die Pfähle aus dem Hügel hervorgeschaut haben", sagt Graßmann. „Wahrscheinlich ist es schon, das hat wohl ähnlich ausgesehen, wie wir es heute hier auch rekonstruiert haben." Klar sei jedenfalls, dass es sich um insgesamt fünf Reihen gehandelt habe, die zum Teil durch Querstangen miteinander verbunden waren.

Doch was hatten sie für einen Zweck? „Dazu gibt es verschiedene Spekulationen", sagt der Denkmalpfleger. „Herodot, der antike griechische Geschichtsschreiber, berichtet von einem Brauch des Reitnomadenstamms der Skythen, die mit dem Osthallstattkreis in Kontakt standen und Pferde ihres Stammesführers nach dessen Tod auf solchen Stangen aufspießten." Diese unappetitliche Geschichte müsse aber durchaus kritisch gesehen werden. „Herodot war Grieche, für ihn waren das alles Barbaren. Zwischen den Skythen und dem Magdalenenberg besteht außerdem eine große räumliche Distanz." Eine andere Vermutung sorgte im Jahr 2010 für Aufregung: „Ein Archäologe veröffentlichte die These, beim Magdalenenberg handle es sich um einen Mondkalender." Die Gräber im Hügel – um den Fürsten herum waren noch knapp 140 weitere Menschen bestattet – seien so angelegt, dass sich daraus, wenn man die Punkte verbinde, das Sternbild der damaligen Zeit ableiten lasse. Und die Stangen zeigten jeweils zu den Mondwendepunkten. „Der Mond macht an seinen Auf- und Untergangsorten Pendelbewegungen, das heißt, er geht nicht immer an derselben Stelle auf und unter, sondern immer ein Stück versetzt", erklärt Wissenschaftler Graßmann. Alle 18,61 Jahre erreichten der nördlichste und der südlichste Auf- und Untergangspunkt den größten Abstand. Dann wandern die Punkte wieder aufeinander zu, bis sie den dichtesten Abstand erreicht haben. „Das nennt man die großen und die kleinen Mondwenden." Auf diese Punkte sollen die Stangen also laut der 2010 veröffentlichten Studie verweisen. „Das haut aber nicht ganz hin", sagt Graßmann, „denn zum einen ist nicht genau dokumentiert, wie die Stangen überhaupt genau standen, zum anderen verweisen einige der noch erhaltenen Stangen auf andere Punkte." Gleiches gelte für den Gräberplan. „Viele Gräber ließen sich nicht in das Sternbild integrieren. Da ist schon viel Spekulation dabei", kritisiert der Wissenschaftler, der eine ganz andere Erklärung für die Stangen hat: „Ich persönlich halte die These für am plausibelsten, dass es sich um Konstruktionselemente handelte", sagt er und führt aus: „Wenn man einen Grabhügel aufschüttet, muss der ja einigermaßen gleichmäßig sein." Dadurch, dass es Stäbe waren, die an verschiedenen Punkten standen, konnte immer wieder überprüft werden, ob der Hügel an allen Stellen gleich hoch war.

„Viele Gräber ließen sich nicht in das Sternbild integrieren. Da ist schon viel Spekulation dabei."

Hallstattzeitliche Bautechnik also. Klingt für den Wissenschaftler plausibler als Mondkalender und aufgespießte Pferdeköpfe. Ist aber mindestens genauso faszinierend. Und tierfreundlicher obendrein.

Eva-Maria Bast

So geht's zu den Pfählen:

Sie stecken im Magdalenenberg, der sich auf dem Höhenzug „Laible" befindet. Man erreicht ihn zu Fuß von der Villinger Laiblestraße oder Roggenbachstraße aus.

Schneise

Schnellster Fluchtweg in den Wald

Wie lang diese Schneise wohl noch an den Necklemer Knieschnapper erinnern wird? Wahrscheinlich nur bis zu dem Zeitpunkt, wo sich die Bäume die langgezogene Lichtung zwischen Brenzstraße und Panoramaweg einverleibt haben. Dann ist sie endgültig Vergangenheit, die steile Treppe, die einst aus dem Schwenninger Stadtteil in den Wald führte – und damit vielen Menschen in den Jahren des Nationalsozialismus das Leben rettete. „Ich finde es sehr schade, dass dieser geschichtsträchtige Pfad abgerissen wurde", sagt Michael Kopp, der sich mit der Historie des Neckar-Stadtteils hervorragend auskennt. Er weiß, welche Bedeutung diese Schneise im Dritten Reich hatte.

„Zunächst einmal war der Knieschnapper einfach der kürzeste Weg aus der Innenstadt hinaus in den Wald", beginnt der Stadtführer zu erzählen. Besonders im Dritten Reich hätten Schwenninger die Treppe gern benutzt, um auf ihr in die Abgeschiedenheit des dichten Waldes zu gelangen und dort Dinge zu besprechen, die dem Überwachungsapparat des NS-Staates verborgen bleiben sollten. Und das war gar nicht so selten. Denn anders als Villingen nahm Schwenningen im Widerstand gegen den Nationalsozialismus eine ganz besondere Rolle ein. „Die Uhrenstadt war durch ihre internationalen Kontakte stärker als andere Gemeinden mit dem Ausland verbunden. Hinzu kam, dass Schwenningen von einer starken Arbeiterschaft geprägt war, die sich dem System offen oder auch verdeckt in den Weg stellte", erzählt Michael Kopp. Vor 1938 gab es keine antisemitischen Tafeln in den Straßen, der evangelische Arbeiterverein hatte Kundgebungen „gegen die gottlose Lehre der Antisemiten" veranstaltet und die Diakone und Vikare erzogen die evangelische Jugend auch nach 1933 noch zur „Achtung vor Juden". Zu dieser besonderen Konstellation trugen außerdem Menschen aus der evangelischen und katholischen Kirche bei, die den Mut hatten, sich den Anweisungen zu widersetzen.

Michael Kopp erinnert sich noch gut an den Knieschnapper, der in der Schneise hinter ihm einst in den Wald führte.

Einer von ihnen war Richard Wilhelm Schäfer, Pfarrer der Paulusgemeinde. Zusammen mit seiner Frau Anne und seinen vier Töchtern wohnte er im Pfarrheim neben der Kirche – nur wenige Schritte vom Knieschnapper entfernt und damit in strategisch günstiger Lage für Juden auf der Flucht. „Wenn sie es erst einmal über die Treppe in den Wald geschafft hatten, konnten sie im Schutz der Bäume fast bis an die Schweizer Grenze gelangen", erklärt Kopp. Schäfer und seine Frau nahmen heimlich „Rasse- und Glaubensjuden" bei sich auf und boten ihnen einen Ort für eine kurze Rast auf ihrem lebensgefährlichen Weg. Die Schäfers arbeiteten eng mit dem Ersten Stadtpfarrer Gotthilf Weber (1900-1987) zusammen, der genauso wie sie Leib und Leben im Widerstand gegen die Nationalsozialisten und im Einsatz für Flüchtlinge riskierte.

Weber hatte engen Kontakt mit dem Schweizer Karl Barth (1886-1968), einem der größten evangelischen Theologen des 20. Jahrhunderts, der die Bekennende Kirche mitbegründet hatte. Mit Barths Unterstützung organisierte der Schwenninger unter anderem Vorträge in der Stadtkirche, die bereits davon berichteten, was in den von den Nationalsozialisten eingerichteten Konzentrationslagern vor sich ging. Weber schloss sich zusammen mit Schwenninger Kirchengemeinderäten der so genannten Sozietät an, einem Bündnis entschiedener Anhänger der Bekennenden Kirche in Württemberg. Sie hatte es sich unter anderem zur Aufgabe gemacht, Verfolgte vor den Schergen der Nationalsozialisten zu verbergen. „Das waren alles Schwenninger, die das Herz am richtigen Fleck hatten", stellt Kopp anerkennend fest.

Zu diesen gehörte seit 1941 auch die Vikarin Margarete Hoffer aus Österreich, die Weber in die Stadt geholt hatte. Die 35-Jährige war der Sozietät ebenfalls eng verbunden und engagierte sich zusammen mit den Schäfers tatkräftig in der Hilfsaktion für untergetauchte Juden. „Diese Menschen versteckten sich in der Regel für einige Zeit in Pfarrhäusern und wechselten oft von einem zum anderen", erzählt Michael Kopp. Mehr als einmal ging es den Schäfers, Gotthilf Weber, Margarete Hoffer und den anderen Helfern fast an den Kragen, weil etwas schief ging oder sich jemand verplappert hatte. Trotzdem konnten sie vielen Flüchtenden helfen. Wieviele Juden auf ihrem Weg in die benachbarte

Schweiz tatsächlich über den Knieschnapper in den Wald rannten? Überlieferte Zahlen gibt es dafür nicht. Aber dass sie diesen Weg genutzt haben, da ist sich Michael Kopp sicher: „Alles andere wäre viel zu riskant gewesen."

Obwohl schlussendlich für die Schwenninger Pfarrer alles gut ging, hatten die jahrelangen Querelen mit ihnen bei den Nationalsozialisten ihre Spuren hinterlassen. Am Ende waren ihnen Richard Schäfer und Gotthilf Weber so verhasst, dass sie sie auf eine „Schwarze Liste" von 16 Personen setzten, die am 21. April 1945 von der SS erschossen werden sollten. Schäfer und Weber überstanden auch das. Warum? „Weil am Tag zuvor die französischen Truppen früher als erwartet in Schwenningen einrückten und die Exekution deshalb nicht mehr stattfand", hat Kopp herausgefunden.

„Wenn sie es erst einmal über die Treppe in den Wald geschafft hatten, konnten sie im Schutz der Bäume fast bis an die Schweizer Grenze gelangen."

Richard Schäfer, Gotthilf Weber und Margarete Hoffer überlebten das Dritte Reich. Und dank ihnen auch viele Juden, die auf ihrer Flucht vor den Nationalsozialisten auf Menschen wie sie angewiesen waren. An all das denkt Michael Kopp, wenn er an der Schneise im Neckar-Stadtteil vorbeikommt.

Heike Thissen

So geht's zur Schneise:

Die Schneise, in der einst der Schwenninger Knieschnapper verlief, führt gegenüber der Lammstraße von der Brenzstraße hinauf zum Panoramaweg.

P

31

Schönsteinhaus

Wiege einer Orgelbaufirma

An diesem bescheidenen Haus neben dem Riettor findet man weder Namensschild noch Klingel. Auch klopft man vergebens an die Tür und selbst die Hausnummer ist verschwunden. Der Grund ist ganz einfach: Hier wohnt schon lange niemand mehr. Das im 13. und 14. Jahrhundert errichtete Gebäude ist heute Teil des Franziskanermuseums. Ein Haus, in dem Geschichte lebt also – dessen eigene Geschichte jedoch nach und nach in Vergessenheit geriet. Dabei ist sie spannend und hängt eng mit dem Orgelbau im Schwarzwald zusammen.

Vor seiner Museumszeit diente das Gebäude etliche Jahre als Waisenhaus, nachdem es 1889 vom Spitalfonds übernommen worden war. Bis 1889 hatte das Haus der Familie Schönstein gehört. Leo Schönstein (1811-1874) stellte in den Wirren um das Revolutionsjahr 1848 fest, dass sein Einkommen als Uhrmacher nicht mehr ausreichte, um seine kinderreiche Familie zu ernähren. Als Waldhüter fand er bei der Stadt ein bescheidenes Auskommen, er musste aber sein Haus in der Schulgasse 11 verlassen und mit der Familie in ein primitives Gebäude ziehen, das auf der weit abgelegenen Waldlichtung Salvest lag. Auch ansonsten hatte es die Familie nicht leicht: Von 17 Kindern erreichten nur fünf Buben und drei Mädchen das Erwachsenenalter. Doch schließlich ging es wieder bergauf für die Schönsteins: Papa Leo versuchte erneut sein Glück als Uhrmacher und die Familie zog in das Haus am Riettor.

Und hier kommt nun der Orgelbau ins Spiel. Zwei der Kinder, die in diesem Haus aufwuchsen, Karl und Lukas Schönstein, erlernten bei dem bekannten Hubert Blessing (1769-1820) in Unterkirnach den Bau von Orchestrien und arbeiteten dort auch, bevor Lukas in Villingen eine eigene Firma gründete und sein Bruder Karl für ihn im russischen Odessa als Vertreter arbeitete. Die beiden hatten noch einen weiteren

Ein Haus ohne Klingel und ohne Hausnummer – aber mit mächtig viel Geschichte.

Bruder, einen jüngeren, der hörte auf den Namen Felix Fridolin und machte bei den Älteren eine Lehre. Als er 19 Lenze zählte, das war im Jahr 1868, ergab sich eine spannende Chance für ihn, die er zu ergreifen wusste. Die Firma hatte einen Auftrag aus Übersee und als das Orchestrion fertig war, beschloss Felix Fridolin, es persönlich an seinen Bestimmungsort bringen: San Francisco. Da gefiel es ihm so gut, dass er blieb. Er fand eine Anstellung bei einem Orgelbauer und konnte dort seine Kenntnisse um den Bau von Kirchenorgeln erweitern. Die Selbstständigkeit schien in der Familie zu liegen und wie schon seine Brüder machte sich auch Felix Fridolin Schönstein selbstständig und gründete anno 1877 in Kalifornien die Orgelbaufirma Schoenstein & Co., die noch heute besteht. Allerdings ist sie seit ein paar Jahren nicht mehr in Familienbesitz. Doch auch der neue Besitzer ist stolz auf die Ursprünge seiner Firma im Black Forest in Old Germany.

„Auch klopft man vergebens an die Tür und selbst die Hausnummer ist verschwunden.“

Der lokale Ochestrionbau begann in Unterkirnach mit Carl Blessing (1769-1820), der zunächst Flötenuhren fertigte. Diese frühen Flötenuhren konnten nicht nur ‚Kuckuck‘ rufen, sondern, wie der Name sagt, bereits kleine Melodien pfeifen. Sogar Mozart, Haydn, Beethoven und andere Komponisten haben spezielle Musikstücke für Flötenuhren geschrieben. Da lag es nahe, Pneumatik und Mechanik weiterzuentwickeln, um vielleicht eine Trommel zu schlagen, Saiten zu zupfen oder weitere Instrumente zum Klingen zu bringen. Im Jahre 1820 vollendete Carl Blessing sein erstes großes Orchestrion. Dann ereilte jedoch der Tod den genialen Erfinder, sein Bruder Martin (1774-1847), ebenfalls ein tüchtiger Uhrenmacher und Orchestrion bauer, übernahm nicht nur die Leitung des Unternehmens, sondern kümmerte sich auch um die noch minderjährigen Söhne seines verstorbenen Bruders, Jakob (1799-1899) und Johann (1803-1872).

Hubert Blessing, der Sohn von Jakob und Enkel von Carl, führte ab 1834 die Familientradition fort. Und er verstand es, das Unternehmen weiter auf Erfolgskurs zu halten: Orchestrien von Blessing aus Unterkirnach gingen in viele europäische Länder und in alle Welt.

Und eins davon befand sich eben in Begleitung von Felix Fridolin Schönstein, der die Liebe zum Orchestrionbau in der Neuen Welt wiederum an seine Kinder weitergab. In seinem Lebensbericht schreibt er: „Und keines meiner Kinder habe ich während ihrer Kindheit verloren. Alle zehn erwiesen sich als gesund und intelligent, von Natur begabt für Musik, arbeitsfreudig, sparsam und religiös [...]. Die Söhne lernten mit Vergnügen den Gebrauch der Werkzeuge und die Verwirklichung mechanischer und praktischer Gedanken. Sie wurden mit der Zeit erfahrene Orgelbauer und halfen mit, die gegenwärtige Firma auszubauen und zu festigen, indem sie ihrem Berufe treu bleiben."

„Die Söhne lernten mit Vergnügen den Gebrauch der Werkzeuge und die Verwirklichung mechanischer und praktischer Gedanken."

Felix Fridolin Schönstein ist 1936 im Alter von 87 Jahren in San Francisco gestorben. Seine alte Heimat Villingen im Schwarzwald hat er nach seinem Weggang im Jahr 1868 nie mehr wiedergesehen.

Eva-Maria Bast

So geht's zum Schönsteinhaus:

Es befindet sich direkt neben dem Riettor, auf der zum Franziskanermuseum hin gelegenen Seite.

Latschariplatz

Wo bitte geht's zum Markt?

Ein Straßenschild namens „Latschariplatz" sucht man hier vergebens. Und auch in den Villinger Stadtplänen ist die Ortsbezeichnung nicht zu finden. Trotzdem weiß jeder Villinger, wo er hingehen muss, wenn er auf dem „Latschariplatz" verabredet ist. „Damit bezeichnen wir den zentralen Mittelpunkt in der Altstadt, wo die Bicken- und die Rietstraße auf die Obere und dieNiedere Straße treffen", erklärt Dieter Mauch. Im Gegensatz zu den meisten anderen seiner Mitbürger weiß der Stadtführer und Sonderpädagoge, was es mit der Bezeichnung auf sich hat und dass sie ganz und gar nicht schmeichelhaft ist für diesen Ort, der in der Geschichte der Stadt eine so wichtige Rolle gespielt hat. Denn sein korrekter Name lautet eigentlich „Marktplatz".

„Ein Latschari ist im Umgangssprachlichen jemand, der rumhängt und nichts tut", erklärt Dieter Mauch den Begriff. Er wird für einen verlumpten Menschen genauso benutzt wie für einen Müßiggänger, passt aber auch auf jemanden, der beim Gehen seine Füße kaum von der Erde hebt. Dass ausgerechnet dieser Ort in Villingen eine solche Bezeichnung erhielt, liegt vielleicht in seiner günstigen geografischen Lage: Hier ist ein hervorragender Treffpunkt für einen gemeinsamen Bummel durch die Stadt, für das Feierabendbier nach Dienstschluss oder eben auch für gemeinsamen Müßiggang. „Aber wirklich geklärt ist nicht, warum der Platz im Umgangssprachlichen so heißt", sagt Mauch.

Jahrhundertelang trug der Platz völlig zurecht den Namen Marktplatz. Bereits im Jahr 999 hatte Kaiser Otto III. (984-1002) dem Grafen Berthold I. zu Breisgau (991/96-1024) das Markt-, Münz- und Zollrecht für dessen Ort Vilingun an der Brigach verliehen. Damit schuf er beste Voraussetzungen für die Stadtwerdung Villingens und – damit verbunden – für das Entstehen eines florierenden Marktes. Das Dorf hatte diese Aufwertung der Tatsache zu verdanken, dass Berthold kurz

Dieter Mauch steht in der Mitte des Latschariplatzes. Von herumlungernden Müßiggängern ist hier aber weit und breit nichts zu sehen.

zuvor seinem Kaiser auf einem Italien-Feldzug treue Dienste erwiesen hatte, und dafür das Markt- und Zollrecht als „Lohn“ bekam. Die Bedingungen für die fortan kontinuierliche Entwicklung waren gut, lag Villingen doch an wichtigen Verkehrswegen. Von Süden her kam eine der großen Handelsstraßen, die das heutige Italien mit dem Neckartal verband. Und Richtung Westen zweigte hier eine Route ab, die erst in den Schwarzwald und dann an den Rhein führte. Mit dem Neckar und der Donau als bedeutende Flüsse in der näheren Umgebung waren zudem zwei Wasserstraßen vorhanden.

Der Latschariplatz.

Der Marktplatz, den die Villinger heute gern „Latschariplatz“ nennen, befand sich schon immer als Ort des Geschehens im Zentrum der Stadt. Der Wochenmarkt fand am Dienstag statt, wie einer Zollordnung aus dem Jahr 1296 zu entnehmen ist. In seiner Mitte stand ein Brunnen, um den herum der Fischmarkt abgehalten wurde. In der Korn- und Brotlaube, nur 25 Meter entfernt, verkauften die Bäcker ihre Ware auf Brotbänken, die sie abends wieder abbauen mussten. Der Fleischmarkt war in der Metzig zu finden, die seit 1363 belegt ist und 75 Meter westlich des Brunnens stand. „Der Markt, einst eine wichtige Voraussetzung der Stadtgründung, war ein Mittelpunkt des städtischen Lebens“, schreibt Walter K. F. Haas vom Villinger Geschichts- und Heimatverein in einem Beitrag über 1000 Jahre Marktrecht in Villingen.

Bis 1898 fand der Villinger Markt dort statt, wo er hingehörte: auf dem Marktplatz. Doch Ende des 19. Jahrhunderts zog er auf den Münsterplatz um. Das brachte gleich mehrere Vorteile mit sich, wie Haas aufzählt: „Bei der sommerlichen Hitze war es angenehm, im Schatten der Kastanienbäume seine Einkäufe zu machen ohne Störung durch den stetigen Fuhrwerksverkehr." Zudem hätte der neue Standort den Händlern mehr zugesagt, weil sie hier ihre Verkaufsartikel staubfrei auslegen konnten.

„So haben wir heute einen Marktplatz, auf dem kein Markt stattfindet, und einen Platz, auf dem der Markt stattfindet, der aber Münsterplatz heißt", fasst Dieter Mauch zusammen. Auch er gehört zu den Villingern, die vom „Latschariplatz" sprechen und er hat beobachtet, dass auch und vor allem junge Menschen diese Bezeichnung benutzen. Es gibt aber dennoch Villinger, die sich gegen den Begriff wehren. „Die Bezeichnung ‚Latschariplatz' für den historischen Marktplatz, der zentrale Mittelpunkt, das Herz der Altstadt, ist eine Verunglimpfung der Würde und der Kultur der Stadt und ihrer Bewohner", schreibt beispielsweise Walter K. F. Haas. So muss jeder Villinger für sich entscheiden, ob er vom Latschari- oder vom Marktplatz spricht. Hauptsache, sein Gegenüber weiß, welchen Ort in der Stadt er meint.

Heike Thissen

So geht's zum Latschariplatz:

Er befindet sich in Villingen dort, wo Bicken- und Rietstraße auf die Obere und die Niedere Straße treffen.

Viel älter, als sie aussieht: die kleine Kapelle auf den Spitalhöfen.

33

Kapelle

Bewegung für ein Gotteshaus

Nur Lebewesen können auf Wanderschaft gehen? Mitnichten! Auch Gebäude können das! Zumindest die kleine Kapelle, die unweit des Gasthauses Waldrose auf den Spitalhöfen am Wegrand steht. Dort wohnt Werner Biselli, seines Zeichens Kriminalbeamter im Ruhestand und obendrein passionierter Schreiner. Und weil er außerdem historisch interessiert ist, hat er die Geschichte dieser Kapelle Stück für Stück aufgedeckt, und dabei tatkräftige Unterstützung vom Stadtarchiv – namentlich von dessen Leiterin Ute Schulze und Lisa Hahn von der Stabstelle Öffentlichkeitsarbeit – bekommen.

Auf die Spur gekommen ist Werner Biselli der Geschichte, weil sein Nachbar, auf dessen Gemarkung das kleine Gotteshaus steht, ihn eines Tages zu sich rief. Er hatte auf dem Dachboden der Kapelle, von der alle dachten, sie sei 1910 errichtet worden, ein aus Holz gefertigtes

Modell einer mit Wasserkraft betriebenen Säge gefunden, von der er wollte, dass Biselli sie sich einmal ansehen möge. Der eilte sofort begeistert herbei – „alte Werkzeuge faszinieren mich“ – sah die Säge und hinter ihr noch etwas anderes: „Mir fiel auf, dass die Balken dieser Kapelle von Hand behauen waren. Und nicht nur irgendwie, sondern außerordentlich kunstvoll.“ Der Kriminalbeamte kombinierte: Die Kapelle steht auf einem Grundstück, das traditionell zu einer Sägerei gehört. „Im 20. Jahrhundert hat man Balken nicht mehr behauen und schon gar nicht so kunstvoll“, sagt er. „Und schon gleich dreimal nicht, wenn man eine eigene Sägerei hatte.“ Ergo: Die kleine Gotteshaus musste älter sein.

Diese Vermutung konnte durch Unterlagen des Archivs der Stadt Villingen-Schwenningen und Recherchen des Hobby-Heimatforschers Helmut Neininger aus Tannheim verifiziert werden. Daraus ging auch hervor, dass die Kapelle 1802 beim früheren Käshof errichtet und 1901 bei der Sägemühle auf den Spitalhöfen wieder neu aufgebaut wurde.

Spitalmüller Josef Straub habe den Wert des alten Dachstuhls erkannt – und ihn gerettet. „Er mauerte am heutigen Standort den unteren Teil der Kapelle auf, trug den Dachstuhl vorsichtig ab und setzte ihn dann auf das Mauerwerk auf. So entstand eine gelungene Verbindung von Neu und Alt.“ Auffallen würde das nicht im Geringsten. Es sei denn, man hat so einen sachkundigen Blick wie Werner Biselli und entdeckt, dass die Bearbeitungsart der Balken nicht zur angenommenen Entstehungszeit passt. Übrigens: Zwischenzeitlich wurde die Kapelle vom jetzigen Besitzer, Prof. Wolfgang Bauer, in Abstimmung mit dem Landesdenkmalamt renoviert.

Eva-Maria Bast

So geht's zur Kapelle:

Man findet sie auf den Spitalhöfen in Pfaffenweiler am Wegesrand.

Initial

Hübsch und funktional zugleich

Auf die Frage, was in Schwenningen heute noch an den Fabrikanten Johannes Bürk (1819-1872) erinnert, fallen dem Stadtkenner und Spezialisten für die Uhrengeschichte, Michael Kopp, gleich mehrere Dinge ein: das Fabrikgebäude der Württembergischen Uhrenfabrik zum Beispiel, das das Uhrenindustriemuseum beherbergt. Oder die Bürkstraße, in der eben jenes Gebäude steht. Doch während diese beiden Dinge gut sichtbar und hinlänglich bekannt sind, weiß Michael Kopp auch noch von einem ziemlich unscheinbaren Relikt. „Wenn man am Gebäude des Uhrenindustriemuseums nach oben schaut, erkennt man, dass sich Johannes Bürk und sein Sohn Richard dort an der Außenwand verewigt haben", erklärt er. Und tatsächlich: Zwei kunstvoll geschmiedete Zieranker zeigen ein *I*, das mit einem *B* verbunden ist, außerdem ein *R*, das mit einem *B* verschlungen ist.

„Die beiden waren mit Sicherheit sehr stolz, dass sie diese Uhrenfabrik errichtet haben. Und das lässt sich unter anderem an solchen Details ablesen", erklärt der Stadtführer. Bei den kunstvollen Initialen handelt es sich um so genannte Maueranker. Die sehen nicht nur hübsch aus, sondern erfüllen eine bautechnische Funktion. Sie dienen nämlich dazu, das Gebäude und seine Wände zu stabilisieren, indem sie Zugkräfte aus den Bauteilen aufnehmen. Sie verhindern beispielsweise, dass eine Fassade von einem Gebäude abkippt. Bei aufwändigeren Bauten werden diese Anker oft kunstvoll geschmiedet oder – wie im Fall der Fassade der Schwenninger Uhrenfabrik – zu Buchstaben ausgeformt. Dann spricht man von Zierankern.

„Daran gehen die meisten Menschen vorbei, ohne einen Blick darauf zu werfen. Dabei finde ich, dass sich der Gründer der Württembergischen Uhrenfabrik und sein Sohn hier ziemlich gelungen für die Nachwelt verewigt haben", sagt Kopp. Der Schwenninger Schustersohn Johannes Bürk meldete sich 1854 mit „mathematischen Geräten"

Michael Kopp steht unter einem der Initialen, die an Johannes Bürk und seinen Sohn Richard erinnern.

zur Weltausstellung in Paris an und gründete im Jahr darauf die „Württembergische Uhrenfabrik Bürk“. Das Besondere an ihr war Zeit ihres Bestehens, dass sie nicht nur gewöhnliche Uhren herstellte, sondern auch verschiedene Zeiterfassungsgeräte. Es gab zum Beispiel Modelle, mit denen sich die Arbeitszeiten von bis zu 100 Arbeitern erfassen ließen und ähnliches. Uhren zur Kontrolle der Nachtwächter waren in den Anfangsjahren nach 1855 besonders gefragt, mit zunehmender Industrialisierung aber auch Stechuhren, die das Leben Tausender von Arbeiter bestimmten.

1866 baute Johannes Bürk in der Straße, die heute nach ihm benannt ist, zunächst ein zweistöckiges Fabrikgebäude. 1874, zwei Jahre nach seinem Tod, ließen seine Nachfahren das Gebäude aufstocken und verbreitern. 1891 kam ein weiteres zweistöckiges Fabrikgebäude hinzu, das vier Jahre später wiederum um ein Geschoss erhöht wurde. Ab 1900, nachdem noch das Kesselhaus mit Schornstein und Dampfmaschine erbaut worden war, war der Gebäudekomplex komplett, bis 1985 Teile von ihm abgerissen und saniert wurden, um das Ensemble zu einer Wohn- und Museumsanlage umzugestalten. Die Zieranker in Form der Initialen des Firmengründers und seines Sohnes überstanden sämtliche Anbau- und Umbaumaßnahmen unbeschadet. Und so kann Michael Kopp im Vorbeigehen immer einen kurzen Blick auf sie werfen.

Heike Thissen

So geht's zum Initial:

Das Initial, das an Johannes Bürk erinnert, ist am ehemaligen Fabrikgebäude, dem heutigen Uhrenindustriemuseum (Bürkstraße 39) in Schwenningen zu sehen.

Winzig klein und doch so bedeutsam: Das rätselhafte Zeichen im Relief.

35

Steinmetzzeichen

Für die Kasse und die Ehre

„Sehen Sie es? Es ist ganz klein und unscheinbar“, sagt Ortrud Jörg-Fuchs und deutet auf ein winziges Zeichen in einer Wappentafel, die am ehemaligen Pfleghof des Benediktinerinnenklosters Amtenhausen hängt. Tatsächlich: Kaum wahrnehmbar ist dort ein winziges Zeichen eingeritzt, das ein wenig aussieht wie eine Rune. „Das ist das Steinmetzzeichen des Bildhauers und Bildschnitzers Hans Amann, der in Villingen viele Spuren hinterlassen hat“, sagt sie. „Er ist einer der bekanntesten Villinger Künstler.“ Auch das Wappen am Abt-Gaisser Haus (siehe Geheimnis 17) hat er geschaffen. Hans Amann (um 1555-1626) war ein Steinmetzsohn aus Ulm, sein gleichnamiger Vater, der auch am Glockenturm des Ulmer Münsters mitarbeitete, hatte offenbar das gleiche Meisterzeichen wie er. Hans Amann Junior kam vermutlich kurz nach dem Tod seines Vaters im Jahr 1557 nach Villingen, wo er seit 1601 auch im Bürgerbuch genannt ist, im Jahr zuvor war er in die Bauleutezunft aufgenommen worden (siehe Geheimnis 01) und aus 1605 ist bekannt, dass er sich ein Haus in der Brunnengasse kaufte.

Steinmetzzeichen wie jenes, das Hans Amann in das Relief eingemeißelt hat, erfüllten im Grunde den Sinn einer Signatur – wie eben ein Künstler sein Bild signiert. Doch die Zeichen finden sich nicht nur auf kunstvoll gearbeiteten Steinmetzarbeiten, sondern auch auf ganz einfachen Mauerbrocken. Denn sie hatten noch einen anderen, praktischen Zweck – und der dürfte auch der Grund gewesen sein, warum ein Zeichen von Hans Amanns Senior auch an einem Stein im Ulmer Münster zu finden ist: Sie dienten der Abrechnung. Die Kunst war auch bei den Steinmetzen nur die Kür, für den Broterwerb hauten sie Steine in Form, damit sie an Gebäuden verbaut werden konnten. Die fertigen Quader stapelten die Handwerker und versahen die obere Reihe mit ihrem Steinmetzzeichen. So konnte der Meister am Zahltag genau erkennen, welcher Stapel zu welchem Steinmetz gehörte, wie viele Steine er behauen hatte, und ihn nach Stück bezahlen.

Ortrud Jörg-Fuchs hat in diesem Relief ein kleines, aber bedeutendes Detail entdeckt.

Jeder Lehrling einer Bauhütte bekam nach seiner fünfjährigen Ausbildung ein solches Steinmetzzeichen, das er wohl selbst entwerfen durfte und das nicht mehr geändert werden konnte. Manche Quellen sagen, dass sich die Steinmetzzeichen einer Bauhütte allesamt ähnelten und voneinander abgeleitet wurden. Dadurch habe man erkennen können, wo ein Steinmetz gelernt hatte, denn die Angehörigen dieses Berufsstandes gingen viel auf Wanderschaft. „Bei schweren Verstößen gegen die Bruderschaft" habe das Steinmetzzeichen aufgehoben werden können, schreibt Alfred Schottner in einer Abhandlung über die mittelalterlichen Dombauhütten. Darin erklärt er auch: „Das Zeitalter der etwa von 1250-1500 andauernden ‚himmelsstürmenden Gotik' war zugleich die hohe Zeit der Steinmetzzeichen. An den aus jener Epoche noch vorhandenen Bauwerken sind sie zu Hunderten abzulesen, wobei die Stabform mit Abzweigen bzw. Ästen vorherrscht."

„Das ist das Steinmetzzeichen des Bildhauers und Bildschnitzers Hans Amann, der in Villingen viele Spuren hinterlassen hat."

Also genau so ein Zeichen, wie es hier zu finden ist. Und auch das passt dazu: „Sie sind keilförmig eingeschlagen und an den Enden prismatisch abgeschlossen", wie Schottner schreibt. Übrigens: Wurde ein Steinmetz zum Meister, durfte er sein Zeichen in ein Wappen setzen – und wenn die Nachfahren ebenfalls Baumeister waren, übernahmen sie das Wappen meistens. Durch derartige Kennzeichnungen war es möglich, das Wirken einer Baumeisterfamilie über viele Jahrhunderte hinweg zu verfolgen, zumal diese sich oft stolz selbst ein Denkmal setzte, indem sie das Wappen deutlich sichtbar, zum Beispiel auf Schlusssteinen, anbrachte.

Wer würde denken, welch große Geschichte hinter diesem kleinen Zeichen an der Villinger Hauswand steckt?

Eva-Maria Bast

So geht's zum Steinmetzzeichen:

Es befindet sich in der Wappentafel am Gebäude der Villinger Gerberstraße 27.

Zwei-Kaiser-Denkmal

Als die Zeiten friedlich waren

Als die Schwenninger 1890 ein Denkmal für Kaiser Wilhelm I. (1797-1888) aufstellten, waren sie in bester Gesellschaft: In den knapp 50 Jahren zwischen 1867 und 1918 entstanden im deutschsprachigen Raum mehr als 1000 Denkmäler für die Hohenzollern. Die Berliner errichteten die Kaiser-Wilhelm-Gedächtniskirche, der preußische Kriegsmarinehafen an der Nordsee erhielt den Namen Wilhelmshaven und der 1896 eröffnete Nord-Ostsee-Kanal hieß bis 1948 Kaiser-Wilhelm-Kanal. Und doch unterscheidet sich der hochaufragende Obelisk mit seinen Porträtreliefs auf dem Geschwister-Scholl-Platz grundlegend von den meisten anderen Gedächtnisstätten. Heimatkenner Siegfried Heinzmann weiß, warum.

„Zum einen ist es nicht ein Ein-Kaiser-Denkmal, sondern ein Zwei-Kaiser-Denkmal, weil es sowohl an Wilhelm I., als auch an seinen Sohn Kaiser Friedrich III. erinnert", beginnt der geborene Schwenninger zu erzählen. Zum anderen seien die beiden Herrscher – im Gegensatz zu den meisten anderen Darstellungen – nicht als Kriegshelden zu sehen, sondern als Friedensfürsten: Abgesehen von Eichenlaub und Lorbeer fehlen bei den beiden auf dem Sockel angebrachten Portraitreliefs jegliche soldatischen und politischen Sinnzeichen oder Statussymbole. „Folglich steht das Monument für eine Zeit des inneren und äußeren Friedens in Deutschland", ordnet Siegfried Heinzmann ein. „Die Schwenninger zollten damit Ende des 19. Jahrhunderts ihrer patriotischen Grundstimmung Tribut. Es sollte ein Erinnerungszeichen an den ‚hochseligen Kaiser Wilhelm I.' und an seinen Sohn sein." Initiiert hatte es Christian Mauthe (1845-1909), der nicht nur Uhrenfabrikant war, sondern auch Vorstand des Veteranenvereins. Die Schwenninger Bürger finanzierten das Denkmal mit Spenden.

Die deutsch-nationale Euphorie Ende des 19. Jahrhunderts, die der Sieg gegen Frankreich und die anschließende Gründung des Deut-

Siegfried Heinzmann kann erklären, warum sich das Zwei-Kaiser-Denkmal von den meisten anderen seiner Art unterscheidet.

schen Reiches 1871 mit sich gebracht hatten, veranlasste Schwenningen und unzählige andere Orte dazu, dem siegreichen Kaiser ein Denkmal zu widmen. Vor diesem Hintergrund verwundert es nicht, dass die meisten Wilhelm I. als den siegreichen Einiger Deutschlands zeigen. Oftmals trägt er hoch zu Ross Uniform und Mantel, dazu einen Helm mit Federbusch auf dem Kopf und einen Feldherrenstab in der Hand, oder er ist in majestätischer Pose zu sehen, mit Uniform, Umhang und Säbel. Darüber hinaus war es in jener Epoche typisch, bedeutende Persönlichkeiten auf einem hohen Sockel darzustellen, um ihre Bedeutung besonders hervorzuheben.

„Dass Wilhelm I. in Schwenningen als Friedensfürst dargestellt ist, liegt daran, dass er nach seiner Proklamation zum Deutschen Kaiser 1871 nach dem Deutsch-Französischen Krieg den Frieden mit den Nachbarn im sogenannten Dreikaiserbund zwischen dem Deutschen Reich, Russland und Österreich-Ungarn sicherte", erklärt Siegfried Heinzmann dessen Bedeutung. Und fügt hinzu: „Auch, wenn im Lauf der Jahre vier Attentate auf ihn verübt wurden, war Wilhelm I. doch überaus populär." Immerhin war seine Kaiserära geprägt von militärischen Erfolgen und der Sozialpolitik seines Ministerpräsidenten von Bismarck. So jedenfalls wollte ihn der hoch aufragende Sandstein-Obelisk für die Nachwelt bewahren.

Das Denkmal zwischen Villinger Straße und Oberdorfstraße erinnert nicht daran, dass Wilhelm I. auch als „Kartätschenprinz" in die Geschichte einging, weil er in der Märzrevolution von 1848 die Freiheitskämpfer in Berlin mit Kartätschen, also Artilleriegeschossen mit Schrotladung, niederschießen ließ. „Er plädierte dafür, das Militär aus der Stadt abzuziehen und sie von außen mit Kanonen sturmreif schießen zu lassen", erklärt Siegfried Heinzmann den Begriff genauer. Und der Obelisk steht auch nicht dafür, dass derselbe in seiner Funktion als preußischer König zwischen 1861 und 1888 mitverantwortlich für die drei Kriege war, die sein Ministerpräsident Otto von Bismarck (1815-1898) in den 1860er-Jahren ausgelöst hatte. Und davon, dass er in seiner Zeit als Deutscher Kaiser – das war 1871 bis 1888 – die Sozialistengesetze unterschrieb, mit denen die SPD verboten und die Mitglieder der SPD verfolgt wurden, kündet das Denkmal ebenfalls nicht.

Sehr wohl aber erinnert es daran, dass nach seinem Tod Friedrich III. (1831-1888) auf den Thron kam – wenn auch nur für 99 Tage, weil er nach übermäßigem Tabakkonsum an Kehlkopfkrebs erkrankt war und bald starb. Auf ihn folgte sein Sohn Wilhelm II. (1859-1941), der das Jahr 1888 zum Drei-Kaiser-Jahr machte. Das wussten die Schwenninger bereits, als sie ihr Denkmal zwei Jahre später aufstellten. Trotzdem entschieden sie sich dafür, nur zwei der drei Kaiser als Friedensfürsten auf dem Obelisken darzustellen. Wie Recht sie damit hatten, stellte sich erst 24 Jahre später heraus. Denn da führte Wilhelm II. als letzter Deutscher Kaiser sein Land in den Ersten Weltkrieg.

„Geschaffen wurde das Denkmal von dem Schwenninger Bildhauer Wilhelm Gräber, der ein Veteran des Deutsch-Französischen Krieges war und deshalb einen persönlichen Bezug zu diesem Kunstwerk hatte“, erklärt der Heimatkenner. Zunächst stand es elf Jahre auf dem ehemaligen Häusental-Friedhof. Doch als die Bauarbeiten für das neue Realschulgebäude begannen, musste es im Juli 1901 auf den Marktplatz vor dem Rathaus umziehen. Allerdings waren auch an diesem prominenten Platz seine Tage schnell gezählt, sodass es 1913 an seinem heutigen Standort aufgestellt wurde. „Damals hatte der Platz noch keinen Namen. Erst 20 Jahre später hieß er, ganz im Sinne der Nationalsozialisten, Horst-Wessel-Platz, nach einem Sturmführer der SA, der von Kommunisten getötet und von der NS-Propaganda zu einem Märtyrer stilisiert worden war“, erklärt Heinzmann. Unmittelbar nach dem Ende des Zweiten Weltkriegs ist die Bezeichnung nachvollziehbarerweise geändert und durch „Geschwister-Scholl-Platz“ ersetzt worden.

Heike Thissen

So geht’s zum Zwei-Kaiser-Denkmal:

Das Zwei-Kaiser-Denkmal steht auf dem Schwenninger Geschwister-Scholl-Platz.

Roland Brauner hat sich intensiv mit den Wehranlangen auf dem Kapf beschäftigt und weiß um die Bedeutung des Erdwalls, der hinter ihm im Unterholz verorgenliegt.

37

Erdwall

Das Zuhause eines keltischen Fürsten?

Ruhig ist es hier, mitten im Wald. Nur das Zwitschern der Vögel durchdringt die Stille. Das war einmal ganz anders – doch das ist viele Jahrhunderte her. „Hier befand sich in der Hallstattzeit, also der älteren vorrömischen Eisenzeit ab etwa 800 vor Christus, eine Wehranlage, die eine etwa zwei Hektar große Siedlung schützte – und in dieser Siedlung lebten im Verhältnis zur Fläche viele Menschen, sie hatte eine ziemlich hohe Bevölkerungsdichte“, sagt der stellvertretende Forstamtsleiter Roland Brauner und zeigt auf einen steil ansteigenden Hügel mitten im Wald. „Das hier ist keine natürliche Erhebung, sondern das sind die letzten Reste dieser keltischen Siedlung und der umgebenden Wehranlage.“

Dass das Gelände relativ stark besiedelt war, zeigten Grabungen, bei denen verhältnismäßig viel Keramik gefunden wurde, erzählt der

Förster weiter. Die Funde ließen möglicherweise auch auf einen Zusammenhang mit dem Magdalenenberg schließen. *Möglicherweise*, weil sich Experten, ebenso wie Quellen, dazu streiten. Die einen sehen es als „unzweifelhaft“ an, dass das die Siedlung des Fürsten war, der im Magdalenenberg bestattet ist, andere halten das keineswegs für gesichert. „Die Tonscherben, die man im Magdalenenberg ausgrub, waren deutlich feiner als die, die hier gefunden wurden. Das ist aber auf der anderen Seite auch wieder logisch, da die Grabbeigaben besonders kostbar waren und man im Alltag nicht ganz so edle Keramik verwendete“, sagt Brauner. Außerdem könne es sich bei den Funden in der Wehranlage auch um Alltagsgeschirr von Untertanen gehandelt haben.

„Die Tonscherben, die man im Magdalenenberg ausgrub, waren deutlich feiner als die, die hier gefunden wurden.“

Klar ist jedenfalls, dass es zwei Grabensysteme gab: ein inneres und ein äußeres. Autor Hermann Ays schreibt in seinem Buch *Die alten Griechen in Schwaben*: „Bei dem inneren Grabensystem handelt es sich um eine mittelalterliche Anlage, während das Äußere einen Teil der keltischen Wehranlage repräsentiert. Außerdem schützen zwei Abschnittsbefestigungen die Anlage.“

Ob die Menschen, die hier lebten, nun zum Hallstadtfürsten gehörten oder nicht: Sicher konnten sie sich jedenfalls fühlen.

Eva-Maria Bast

So geht’s zum Erdwall:

Am Ganter-Denkmal (siehe Geheimnis 05) vorbei dem Weg nach oben folgen, dann die rechte Abzweigung nehmen und bis zur Lichtung weiterlaufen, dort kann man den Erdwall erkennen.

Die Deckenmalerei im Erdgeschoss des Schwenniger Rathauses ist ein besonders deutlicher Ausdruck des Expressionismus.

38

Deckenmalerei

Expressionismus im Schwenninger Rathaus

Michael Hütt, Leiter der Städtischen Museen in Villingen-Schwenningen, muss nicht lange nachdenken, wenn man ihn nach seinem Lieblingsort fragt: „Das ist eindeutig das Rathaus in Schwenningen", sagt er. Und er bedauert es sehr, dass er mit dieser Meinung weitgehend allein auf weiter Flur steht: „Leider ist es ein von den meisten Menschen völlig unterschätztes Gebäude." Und das, so der Kunsthistoriker, obwohl es sich um ein Ensemble von hohem zeitgeschichtlichen und architektonischen Wert handle – das dafür weit über die Grenzen Schwenningens hinaus bekannt sei. „Besonders deutlich wird das an der Deckenmalerei, die im heutigen Bürgerservice im Erdgeschoss zu sehen ist. Die beachtet kaum jemand, dabei ist sie künstlerisch bedeutend, weil sie den Expressionismus der Entstehungsjahre wie kaum ein anderes Element am Rathaus widerspiegelt", sagt Hütt und fügt hinzu: „Mit Ausnahme des Ratssaals, denn dort gibt es eine ganz ähnlich gestaltete Decke."

Doch wie kommt Schwenningen dazu, ein derartiges Kleinod sein Eigen und obendrein sein Rathaus zu nennen? Schon am 19. Dezember 1923 hatte der Gemeinderat beschlossen, ein neues Rathaus zu bauen, denn das alte platzte aus allen Nähten – und das, obwohl es 1904 bereits um ein Geschoss aufgestockt worden war. Doch wegen der schlechten wirtschaftlichen Lage wurde der Beschluss erst einmal nicht umgesetzt. Als sich die Stadt dem Thema dann doch endlich annahm, lobte sie einen Wettbewerb aus, an dem sich auch der Architekt Hans Herkommer (1887-1956) aus Stuttgart beteiligte. Der Mitdreißiger war zu jener Zeit längst kein Unbekannter mehr, sondern galt als einer der renommiertesten jüngeren Architekten seiner Zeit. Er entwarf das Schwenninger Rathaus als Vierflügelanlage mit kleinem Innenhof, die hervorragend zu der Parole passte, die Oberbürgermeister Ingo Lang von Langen (1895-1979) ausgegeben hatte: „Schwenningen macht sich – Schwenningen wird Großstadt".

In jenen Jahren nach dem Ersten Weltkrieg hatten die meisten deutschen Städte hohe Schulden, die Wirtschaft lief mau. Da war auch Schwenningen keine Ausnahme. „Aber trotzdem hatten die Stadt und allen voran Bürgermeister Ingo Lang von Langen den Mut, einen renommierten Architekten wie Hans Herkommer auf die Baar zu holen und in den Jahren 1926 bis 1928 ein neues Rathaus errichten zu lassen", ordnet Michael Hütt die Entscheidung ein. Und so entstand in Schwenningen etwas für jene Zeit absolut Einmaliges: „Man muss sich klar machen, dass wir hier eines der ganz wenigen Bauzeugnisse für das Demokratieverständnis der Weimarer Republik vor uns haben."

Hätte Hans Herkommer lediglich einen Zweckbau errichten wollen, hätte er anders geplant. Doch ihm ging es darum, mit seinem Bau im expressionistischen Stil das Selbstbewusstsein Schwenningens zu dokumentieren, das damals auf dem Weg zur aufstrebenden Industriestadt war. „Er verwendete dafür viele verschiedene Formen und gestalterische Elemente. Außerdem setzte er unterschiedliche Epochen und Stile zusammen und schöpfte aus dem Vollen, was seine Möglichkeiten anging", erläutert Michael Hütt. Dass der Museumsleiter sich so hervorragend mit dem Architekten und seinen Motiven auskennt, liegt daran, dass er 2012 eine entsprechende Ausstellung organisiert hat, die im Schwenninger Rathaus zu sehen war. Für Herkommer war es demnach ganz selbstverständlich, mit den angedeuteten Arkaden im Erdgeschoss an einen mittelalterlichen Laubengang zu erinnern und darüber Fensterbänder anzubringen, wie sie am Bauhaus verwendet wurden. Dem Expressionismus huldigt er unter anderem mit den bemalten Decken im Sitzungssaal und in der ehemaligen Stadtsparkasse, in der sich heute der Bürgerservice befindet. Abstrakte geometrische Ornamente, die für eine selbstbewusste und freudvolle Moderne stehen. Der Kunsthistoriker und Denkmalpfleger Folkhard Cremer hat sich ausführlich mit dem Schwenninger Rathaus und seinem Architekten Hans Herkommer auseinander gesetzt. Er schreibt in seinem Buch *Als Schwenningen Großstadt werden wollte*: „Die Ornamentik der Deckenbalken der Schalterhalle, die von Orange- und Gelbtönen dominiert wird, und die des Ratssaals, in der der Goldanteil vorherrschend ist, erinnern in ihrer Farbigkeit an die Dekorationen der Repräsentationsräume, Vorhänge und Kleidungen in Fritz Langs Nibelungen-Filmen aus dem Jahr 1922, die damals in einer gelb viragierten Fassung in den Kinos gezeigt wurden."

Museumsleiter Michael Hütt an seinem Lieblingsplatz.

Michael Hütt ist voll und ganz Cremers Meinung: „Das sind sehr interessante Farbspiele mit einer großen Repräsentativität. Denn hier geht es – wie im gesamten Gebäude – um die selbstverwaltete kommunale Bürgerlichkeit, sowohl im Erdgeschoss als auch im Ratssaal. Das ist schon eine besondere Geste, das Gemeinschaftliche, für das eine Sparkasse und der Gemeinderat ja stehen, so repräsentativ auszustatten." Im ersten Drittel des 20. Jahrhunderts seien die Schwenninger sehr stolz auf ihre Stadt gewesen und hatten ein Bedürfnis nach einer kommunalen Gemeinschaft. „Das würde ich mir für die heutige Zeit manchmal wünschen, dieses Selbstbewusstsein und diese Freude darüber, genau hier und nirgends anders zu wohnen", überlegt der Museumsleiter. Immerhin können sich die Schwenninger, die etwas im Bürgerservice zu erledigen haben, von der Deckenmalerei Hans Herkommers daran erinnern lassen, dass es eine Menge gibt, worauf die Stadt am Neckarursprung stolz sein kann – ihr Rathaus, aber auch vieles andere mehr.

„Das sind sehr interessante Farbspiele mit einer großen Repräsentativität. Denn hier geht es – wie im gesamten Gebäude – um die selbstverwaltete kommunale Bürgerlichkeit."

Heike Thissen

So geht's zur Deckenmalerei:

Der Raum, in dem sich die Deckenmalerei befindet, beherbergt den Bürgerservice. Er befindet sich im Erdgeschoss des Schwenninger Rathauses (Marktplatz 1).

Jahreszahl

Ein Kleinod am Wegesrand

1723. An der Jahreszahl kann man es festmachen: Sie zeigt ganz deutlich, dass die Geschichte, die in Villingen zu dieser Kapelle kolportiert wird, nicht stimmen kann. „Im Jahr 1909 hat mein Großvater die kleine Kapelle gekauft, an der sich die Jahreszahl befindet", beginnt Johann Blessing zu erzählen. „Und weil in der Nähe ein Hammerwerk stand, wurde sie immer als Hammerkäppele bezeichnet."

Auch der Großvater kannte die Geschichte, die sich um die kleine Kapelle spinnt: Ein höherer, französischer Offizier sei während der Tallard-Belagerung gefallen und habe in der Kapelle seine letzte Ruhe gefunden: 1704 war Villingen im Zuge des Spanischen Erbfolgekriegs (1701-1714) von der Armee des französischen Marschalls Camille, duc d'Hostun, comte de Tallard (1652-1728), belagert worden. Darüber schreibt der Villinger Chronist Benedikt Berger: „So ist die französische Armee noch Vormittags aufgebrochen und allhero marschiert und hat das Lager auf dem hinteren Bickenberg gegen den Guckenbühl und Haßlerweiher aufgeschlage Nachmittags umb 2 Uhren; und umb diese Zeit sind bis tausend Mann Infanterie, mehrenteils Irländer, den Krebsgraben herein marschiert und Posten gefasset in des Schollen oder genannten Fabers oberen Nüllin. Da hat man mit Stucken ab dem oberen Rundel und oberen Thurm etliche malen geschossen..." Der Franziskaner Adrian Funk hingegen berichtet von verwüsteten Äckern und Gärten, von brennenden Häusern und Wäldern. „Es war ein Elend, dies mitanzusehen. Überall war das Land von den Einwohnern verlassen, große Verwünschungen wurden gegen diese Verwüster ausgestossen..." Aus dem Jahr 1704 findet sich auch eine Quelle, in der von einem toten Soldaten und einer Kapelle die Rede ist. Stadtschreiber und Syndikus Michael Grüninger berichtet: „Auch vernimmt man von den Desserteuren, daß der Feind eine merkliche Anzahl Leut neben zehn bis zwölf Oberoffiziere, worunter der General Zurlauben, todt geblieben, welcher in dem ‚roten Käppele' begraben liegt und noch ein General ist in der Kapellen bei dem Hammerhaus begraben und 24 Constabler".

„Diese Legende wurde immer auf die Hammerkapelle bezogen, die sich jetzt im Besitz der Familie Blessing befindet", sagt der 2. Vorsitzende des Geschichts- und Heimatvereins Villingen, Prof. Edgar Tritschler, und ergänzt, dass die Hammerkapelle mit dem Aasemer Käppele, das einst südöstlich von Villingen stand, in Verbindung gebracht wurde. „Die Vermutung, es handle sich dabei um den ursprünglichen Standort der Hammerkapelle, könnte mit einer Schenkung von Ackerland im Jahr 1740 zusammenhängen, mit der die Gebrüder Grüninger zur Erhaltung der Hammerkapelle beitrugen." Und Jochen Blessing fügt hinzu: „In den 1970er-Jahren hatte mein Großvater die Kapelle an meinen Vater Wolfgang übergeben." Der wollte unbedingt herausfinden, was denn nun an der Legende dran sei, da ihm aufgefallen war, dass an der Geschichte etwas nicht stimmen kann: Laut der Jahreszahl auf dem Schlussstein war die Kapelle 1723 fertiggestellt worden. Die Belagerung war aber 1704 gewesen. „Wie also sollte der französische Offizier in einer Kapelle beerdigt werden, die es noch gar nicht gab, fragte sich mein Vater", erzählt Johann Blessing.

Hansjörg Fehrenbach, Johann Blessing und Prof. Edgar Tritschler (von links) kümmern sich seit vielen Jahren um das kleine Gotteshaus.

Wolfgang Blessing wollte Antworten und um die zu finden, war er bereit, einige Mühen auf sich zu nehmen. „Blessing ließ die Kapelle sanieren und in diesem Zuge zwei Meter tief graben", erzählt nun Denkmalpfleger Hansjörg Fehrenbach. „Gefunden wurde nichts. Es ist dort offenbar niemals jemand bestattet worden." Diese Erkenntnis hatte Wolfgang Blessing nun also. Und er gewann noch eine andere: Dass sich die Kapelle ursprünglich an einem anderen Ort befunden haben muss. Denn: „Alle anderen älteren Gebäude stehen auf einem natürlichen Boden, die Kapelle aber auf einem planierten." Denkmalpfleger Fehrenbach merkt an: „Es ist also durchaus möglich, dass es eine Kapelle gab, in der ein französischer Offizier und sogar noch weitere Soldaten bestattet wurden. Aber die Hammerkapelle ist es definitiv nicht, denn die existierte damals noch gar nicht. Und sie wäre auch zu klein als Grabstätte für 25 Mann."

Fakt ist jedenfalls: Die kleine Kapelle entstand in einer Zeit des Wiederaufbaus im vom Krieg schwer zerstörten Villingen – im gleichen Zuge, in dem auch das schwer getroffene Franziskanerkloster saniert und die Benediktinerkirche neu gebaut wurde. Fakt ist auch: Die Brüder Pelagius und Meinrad Grüninger, ihrerzeit die Besitzer der Hammerfabrik, gelten als Erbauer der Hammerkapelle. Und Fakt ist weiter: 1904 kam sie an die Familie Blessing, die sich seit drei Generationen um sie kümmert. Jochen Blessing weiß, dass es auch in der Folge spannend blieb um das kleine Gotteshaus: „Im Zweiten Weltkrieg wurden hinter dem Altar regimekritische Zeitungen deponiert. Es gab ein paar Mitwisser, die diese dann lesen konnten", berichtet er.

Der Villinger fühlt sich dem kleinen Gotteshaus sehr verbunden, seine Pflege liegt ihm am Herzen. Auch seine Kinder hat er hier taufen lassen. Sehr zum Verdruss der Festgäste: „In die kleine Kapelle passen nämlich nur acht Leute rein, die Taufgäste mussten also draußen bleiben – und es hat jedes Mal in Strömen geregnet", erzählt er schmunzelnd und ergänzt: „Aber sie blieben uns trotzdem treu."

Eva-Maria Bast

So geht's zur Jahreszahl:

Die Kapelle mit der Jahreszahl steht in Villingen, am Ende der Sebastian-Kneipp-Straße, am Kurpark.

Durch dieses Portal gingen Jahrhunderte lang Klosterschwestern ein und aus.

40

Klosterpforte

Hilfe über konfessionelle Grenzen hinweg

Die Pforte des ehemaligen Klosters St. Ursula ist ein prachtvolles Portal unweit des Bickentors. Dass hier viele Jahrhunderte lang Ordensschwestern und ihre Schülerinnen ein- und ausgingen, kann sich jeder Passant gut vorstellen. Und auch, dass so mancher verzweifelter Mensch in größter Not hier anklopfte und Hilfe fand, ist beim Zugang zu einem Kloster naheliegend. Meistens waren es natürlich Villinger, die sich an die Schwestern wandten. Doch überliefert ist auch die Geschichte einer Schwenningerin, die hier Zuflucht gesucht und auch gefunden hat.

Es war im Winter 1669/1670, dass die Schwenningerin Verena Müller (1633-1699) ihre einjährige Tochter Christina auf den Arm nahm und sie zu Fuß die rund sieben Kilometer nach Villingen trug. Wochenlang hatte die Kleine bereits gekränkelt und war immer schwächer geworden, ohne, dass ihr in Schwenningen jemand hätte helfen können. Um das Leben ihres Kindes zu retten, musste die Mutter aus dem württembergischen und protestantischen Schwenningen ins vorderösterreichische und katholische Villingen. Verena Müller trug ihre Tochter durch das Bickentor am Torwächter vorbei und klopfte an der Klosterpforte an. Eine Nonne nahm die beiden auf und kümmerte sich in der Redstube um sie, indem sie dem Kind ein Mittel aus der hauseigenen Apotheke gab. Danach bezahlte die Schwenninngerin, was sie konnte, und brachte ihr Kind wieder zurück in die Stadt am Neckarursprung.

Damit könnte die Geschichte eigentlich zu Ende sein. Ist sie aber nicht. Denn wenige Wochen nachdem sie ihr Kind der Hilfe der Villinger Nonnen anvertraut hatte, musste sich Verena Müller vor dem Kirchenkonvent in Schwenningen für ihre „Tat" rechtfertigen. Württembergische Kirchenkonvente waren Sitten- und Kirchenzuchtgerichte. Den Vorsitz führte der Pfarrer, aber auch der Schultheiß oder Ortsvorsteher, der Diakon und Richter aus der Gemeinde waren dabei anwesend. Sie sorgten dafür, dass Zucht und Ordnung unter den Mitgliedern der protestantischen Kirche herrschte und vor allem die Grenzen zu den Katholiken streng gewahrt blieben – was nicht ganz einfach war angesichts der Tatsache, dass Schwenningen eine protestantische Enklave inmitten von katholischem Gebiet war.

Wunderschön: das Klosterportal.

Und diese Grenze hatte Verena Müller eindeutig überschritten – nicht nur im wörtlichen, sondern auch im übertragenen Sinn. Das Urteil des Konvents fiel für sie dennoch milde aus. Sie wurde nicht bestraft, musste aber beteuern, dass sie so etwas nie wieder tun würde. Und so steht es im Schwenninger Kirchenbuch der Jahre 1658 bis 1707 unter dem Datum des 6. Januar 1670 nachzulesen: „Klag. Verena Jerg Müllers fraw solle ihr kindt nach Villingen zue den nonnen getragen haben weilen es ein Je(r)ma[lichs] kindtlin seie. Verantwortung. Gestehts, allein Viel weiber haben ihr gerathen, Undt habe sie sich ihres kindts erbarmet; Sie wolle es nimmer thun, Sie habe nit gewust, daß es so Viel auff sich habe." Autor Michael Tocha schreibt in einem Beitrag für den Villinger Geschichts- und Heimatverein, für den er das Schicksal von Verena Müller und ihrer Tochter Christina recherchiert hat: „Immerhin waren sie menschlich genug zu verstehen, warum sie das getan hatte, und so musste sie, die 37-jährige Witwe, Ehefrau und Mutter von fünf Kindern nur wie ein Schulmädchen versprechen, sie wolle es nicht wieder tun." Das mag nach einer erfundenen Geschichte klingen, ist aber eine Alltagsbegebenheit aus der Frühen Neuzeit, wie sie sich in vielen Versionen zwischen Villingen und Schwenningen abgespielt hat.

Und was wurde aus Christina, dem Kind, das von seiner Mutter nach Villingen getragen wurde? Am 14. Februar 1670 – sechs Wochen, nachdem sich Verena Müller für ihr Verhalten hatte rechtfertigen müssen – steht im Schwenninger Totenbuch zu lesen: „ist begraben wordten Christina, Jerg Müllers undt Verena seiner Haußfraw Ehlich kindt seines Alters 1. Jahr Undt 9. Wochen." Weder die Entschlossenheit ihrer Mutter noch die Medizin der Villinger Nonnen konnten das junge Leben retten. Ein Kindstod wie der der kleinen Christina trug sich damals in den meisten Familien immer wieder zu. Bis zum Ende des 18. Jahrhunderts starb jedes dritte oder vierte Kind in seinem ersten Lebensjahr. Es fehlte an Hygiene, an adäquater Ernährung, an den medizinischen Kenntnissen und an Möglichkeiten, im Krankheitsfall die richtige Hilfe zu finden.

Angesichts dieser Tatsachen verwunderte es viele Eltern nicht sehr, wenn sie eines oder auch mehrere ihrer Kinder verloren. Wissenschaftler sprechen gar von einer allgemeinen Gleichgültigkeit gegenüber kranken und sterbenden Kindern, schreibt Michael Tocha. Doch die Schwenningerin Verena Müller war nicht so. Vor Christina hatte sie bereits fünf Kinder von zwei Ehemännern geboren, nach dem Mädchen folgten noch zwei weitere. Anders, als man es von einer typischen Mutter im 17. Jahrhundert erwarten würde, war ihr das kleine Mädchen aber nicht egal. Im Gegenteil: Sie kämpfte um das Leben der kranken Tochter und nahm Strapazen in vielerlei Hinsicht auf sich, um ihr zu helfen. Ihre Möglichkeiten waren eingeschränkt: Die medizinische Betreuung, das schreibt Michael Tocha in seinem Beitrag, ließ sehr zu wünschen übrig: „Bis ins 19. Jahrhundert haben Ärzte Kindern wenig Beachtung geschenkt, es häufig sogar abgelehnt, kranke Kinder zu empfangen.“ Nachdem ihr von den Frauen in ihrem Heimatdorf offenbar niemand helfen konnte, sah die Mutter nur noch einen Ausweg: die Klarissen in Villingen. Dass sie ausgerechnet an der Klosterpforte von St. Klara klopfte, ist nicht weiter verwunderlich, geht doch aus den Rechnungsbüchern hervor, dass die Nonnen Heilmittel aus Kräutern herstellten und auf dem Gebiet der Heilkunde tätig waren. Als Beispiel für eine wundersame Heilung durch göttlichen Beistand taugt das Schicksal der kleinen Schwenningerin Christina Müller leider nicht. Sehr wohl lässt sich an ihrer Geschichte aber ablesen, welch tiefe Gräben einst zwischen Villingen und Schwenningen, zwischen Vorderösterreich und Württemberg und zwischen Katholizismus und Protestantismus klafften.

„Das mag alles nach einer erfundenen Geschichte klingen, ist aber eine Alltagsbegebenheit aus der Frühen Neuzeit.“

Heike Thissen

So geht's zur Klosterpforte:

Die Pforte, an die Verena Müller im Winter 1669 klopfte, befindet sich in der Villinger Bickenstraße 25.

Diese kleine Metallsperre hatte einst eine wichtige Funktion.

41

Metallklappe

Wasser für die Stadt

Die Villinger und ihre Bächlein: Gerade an heißen Sommertagen sind die Wasserläufe, die durch die Innenstadt fließen, vor allem für die kleinen Bürger ein himmlisches Vergnügen. Und auch wenn man das Wasser nicht unbedingt trinken sollte: Darauf, dass es einigermaßen klar und sauber ist, kann man sich verlassen. Das war nicht immer so: „Die Stadtbäche waren zugleich Kanalisation und verbreiteten damit einen bestialischen Gestank", schreibt Horst Spormann über deren Nutzung im Mittelalter. „Damals hatten die Bächlein, die unter Graf Berthold II. von Zähringen im 11. Jahrhundert angelegt wurden, aber noch eine viel größere Bedeutung als heute", ergänzt Gästeführer Franz Kleinbölting. „Man tränkte das Vieh daran. Und sie dienten als Brauchwasserzuleitung für Gewerbebetriebe wie Färbereien, Gerbereien und Hafnereien und gleichzeitig auch als Kanalisation für das Abwasser."

Das Wasser habe man der Brigach entnommen und es speiste dann über einen Kanal den heutigen Sägebach und die Stadtbäche, erzählt Franz Kleinbölting weiter und zeigt auf eine rostige Wasserabsperranlage, die sich teilweise im, teilweise über dem Wasser befindet und mit der im Bedarfsfall der Zufluss in die Stadt geregelt werden konnte. „Die Wassersperre hat ihre Funktion allerdings längst verloren.“ Die an der Brigach gelegenen Wassersperren seien Ende des 11. Jahrhunderts angelegt worden, erzählt der geschichtskundige Villinger weiter. „Sie hatten aber nicht nur den Zweck, dass Wasser für die oben genannte Nutzung in die Stadt geleitet wurde, es diente auch dem Brandschutz. Bei Feuer musste der Müller, der in der Nähe der Anlage zuhause war, die Sperre ganz öffnen und nun floss mehr von dem kühlen Nass nach Villingen.

Von der der kleinen Brücke aus, kann man die Metallklappe am besten erkennen.

An der Stelle, an der das Wasser in die Stadt floss, und an jener, an der es sie wieder verließ, also am Riettor und am stadtauswärts gelegenen Ende der Gerberstraße, standen zwei Mühlen, mit denen Getreide gemahlen werden konnte. „Das war im Kriegsfall oder in Zeiten der Belagerung wichtig, damit die Bewohner ihr Korn verarbeiten konnten“, erklärt Franz Kleinbölting. „Denn die Mühlen außerhalb der Stadt waren im Belagerungsfall ja unerreichbar.“

Anfang des 19. Jahrhunderts war die Geschichte der – oberirdisch fließenden – Bäche in der Stadt dann vorübergehend zu Ende: „Als die äußere Stadtmauer abgetragen wurde, hat man sie ab 1810 mit diesen Steinen sozusagen abgedeckt und sie flossen nun unterirdisch durch die Stadt“, sagt Kleinbölting. „Sie dienten aber weiterhin als Kanalisation und im Brandfalle auch noch als Wasserzufuhr. In den unterirdischen Kanälen wurden im 20. Jahrhundert Einrichtungen geschaffen, mit denen das Wasser möglichst nahe zum Brandherd geleitet werden konnte. „In der zweiten Hälfte des 20. Jahrhunderts wurden die gemauerten Kanäle durch Betonrohre ersetzt und das Wasser, das über den Sägebach bis zu diesem Zeitpunkt unter den Straßen der historischen Innenstadt geflossen war, erhielt einen separaten neuen Weg. In unterirdischen Bassins wird es für den Brandfall gespeichert“, erzählt Kleinbölting weiter und fährt fort: „Als die Fußgängerzone angelegt wurde, hat man die Bächle teilweise wieder sichtbar gemacht.“ Sie sind deutlich kleiner, als die früheren Wasserläufe. Aber versorgt werden sie und zwei Brunnen immer noch über den Kanal, der seit dem 11. Jahrhundert die Bächle der Stadt gespeist hat.“ Der Villinger freut sich: „So ist eine Einrichtung aus dem 11. Jahrhundert auch heute noch sinnvoll in Betrieb. Wir danken es Graf Berthold II. von Zähringen.“

„Als die Fußgängerzone angelegt wurde, hat man die Bächle teilweise wieder sichtbar gemacht.“

Eva-Maria Bast

So geht's zur Metallklappe:

Sie ist nur zu Fuß von der Villinger Sebastian-Kneipp-Straße aus erreichbar: An der Minigolfanlage vorbei gehen, dem Weg noch für etwa 50 Meter folgen. Dort sieht man das Wehr, das den Zufluss regulierte, direkt über dem Fluss.

Franz Müller steht auf dem Braunagelplatz, der an den ersten Bürgermeister erinnert, der sowohl in Villingen als auch in Schwenningen im Amt war.

42

Braunagelplatz

Bürgermeister mit besonderen Aufgaben

Es war im Jahr 1972, dass die Gemeinde- und Kreisreform Villingen und Schwenningen zur Doppelstadt vereinigte. Der erste Bürgermeister, der danach ins Amt kam, war Gerhard Gebauer (1926-2017), der 22 Jahre lang die Geschicke der Baden-Württemberg-Stadt lenkte. Doch schon vor Gebauer gab es einen Bürgermeister, der sowohl in Villingen als auch in Schwenningen im Amt war – wenn auch nicht gleichzeitig, sondern nacheinander: Dr. Emil Braunagel (1873-1925). An ihn erinnern in der Schwenninger Hammerstattsiedlung eine Straße und ein Platz.

„Emil Braunagel wurde 1903 in Villingen als Bürgermeister eingesetzt und war damit der erste in diesem Amt, der nicht aus der Stadt kam", erklärt Franz Müller. Der erst 30 Jahre alte Braunagel, der vor seiner Wahl Gerichtsrat und Vorsitzender des Gewerbegerichts in Mannheim gewesen war, wurde am 16. Oktober 1903 mit der überragenden Mehrheit von 81 der 83 wahlberechtigten Mitglieder des Bürgerausschusses ins Amt befördert. „In den neun Jahren seiner Villinger Tätigkeit legte er entscheidende Weichen für den Ausbau des Wirtschaftslebens, des Bildungsangebots und der Lebensqualität. Er sorgte für den Umbau der Kleinkinderschule, richtete eine Kleinkinderkrippe für Arbeiterinnen ein", zählt die Historikerin Dr. Annemarie Conradt-Mach in einem Beitrag über den heute weitgehend vergessenen Bürgermeister auf. Und damit war noch lange nicht Schluss: „Die Eröffnung des Realgymnasiums, des Lehrerseminars und der Bau eines Krankenhauses fielen in seine Amtszeit. Ein Volksbad wurde eingerichtet, der Straßenbau vorangetrieben, d.h. die Gehwege wurden asphaltiert und gaben Villingen ein städtischeres Gepräge."

Die Zeitung *Der Schwarzwälder* würdigte Braunagel in seinem Todesjahr: „Sehr viel von dem, was Villingen heute ist, und was den guten Ruf Villingens weit über Baden hinaus begründet hat, ist ihm und seiner Tatkraft, seinem Arbeitswillen und seiner weitsichtigen Politik zu verdanken." Angesichts solcher Lobeshymnen ist die Frage berechtigt, warum Braunagel 1912 vom Villinger ins Schwenninger Rathaus wechselte. „Nach diversen Querelen mit der Villinger Zentrumspartei bewarb er sich 1912 in Schwenningen um den gerade frei gewordenen Posten als Bürgermeister", sagt Franz Müller hierzu. Die Partei hatte ihm vorgeworfen, mit der großen Industrieausstellung 1907 mit seiner allzu selbständigen Arbeit den Haushalt der Stadt in Bedrängnis gebracht zu haben. Zwar ließen sich die Vorwürfe nicht halten, doch stand für Braunagel fest, dass an der Brigach für ihn ein Fortsetzen seiner Arbeit nicht möglich war.

Obwohl die Villinger Honoratioren die Wahl zu hintertreiben versuchten, wurde er in der württembergischen Nachbarstadt mit großer Mehrheit gewählt. „Die Villinger Bemühungen fassten die Schwenninger eher als Wahlempfehlung auf. Und sie ließen sich auch nicht davon beirren, dass Braunagel katholisch und noch dazu Badener war", sagt der Stadtführer. Immerhin, so fügt er hinzu, sei Braunagels Frau evangelischen Glaubens gewesen. Mit 2111 von 2140 gültigen Stimmen wurde er von den Schwenningern gewählt. „Er hat hier bei uns in Schwenningen viel bewirkt und die Stadt Anfang des 20. Jahrhunderts weit vorangebracht", fasst Müller zusammen. Der Kindergarten, der neue Schlachthof und etliche Einrichtungen mehr gingen in den zwei Jahren vor Beginn des Ersten Weltkriegs auf die Initiative von Emil Braunagel zurück. „Der Krieg forderte ihn dann als Stadtoberhaupt natürlich stark. Er sorgte sich um die Lebensmittelbeschaffung, richtete Notdienste ein und Speisestuben. Er kümmerte sich um Hilfslazarette und stellte eine sogenannte Bewahranstalt auf die Beine, die sich um Kinder kümmerte, deren Mütter dienstverpflichtet waren", beschreibt der Stadtführer die vielen Errungenschaften des Bürgermeisters.

Dr. Emil Braunagel, an den der Platz erinnert, war auch ein Vordenkervon Baden-Württemberg.

Annemarie Conradt-Mach schildert in ihrem Beitrag das Engagement Braunagels folgendermaßen: „Die Stadt regelte die Milchversorgung, die Versorgung mit Textilien, mit Lederwaren, mit Brennstoffen. Kein einfaches Problem, wenn man bedenkt, daß die Schwenninger Bevölkerung während des Krieges im wesentlichen nicht zurückging und anschließend sprunghaft zunahm." Die Tätigkeit Braunagels nach dem Krieg habe vor allem darin bestanden, die schlimmsten Auswüchse von Not zu lindern. Parallel dazu kümmerte er sich um den Ausbau des Straßennetzes, die Errichtung von Gehwegen, die Erweiterung von Schulen und Rathaus, sowie um die Vergrößerung des Elektrizitäts- und Wasserwerks. Und Braunagel träumte einen Traum, wie er bei seiner Wiederwahl im März 1922 verriet: „Schon infolge der hiesigen Wirtschaftsverhältnisse sind wir auch Anhänger der Vereinigung von Baden und Württemberg. Zur Zeit ruhen diese Bestrebungen, werden wohl aber wieder aufgenommen werden." Für das württembergische Schwenningen, das auf drei Seiten von badischem Gebiet eingeschlossen sei, wäre eine Vereinigung von Baden und Württemberg ein Glück – so seine Überzeugung. „Braunagel war zwar ein Vordenker für den Zusammenschluss. Allerdings war damals die Zeit hierfür noch nicht reif", sagt Franz Müller.

Dass nicht nur Baden und Württemberg einmal eine Verbindung eingehen würden, sondern auch die beiden Städte, in denen er gewirkt hatte, sollte Braunagel nicht mehr miterleben. „In der Nachkriegszeit machten Braunagel die großen Veränderungen im Reich und im Land zu schaffen. Auch die Inflation, die Arbeitslosigkeit und die Radikalisierung der politischen Landschaft forderten ihren Tribut", sagt Franz Müller. Braunagel starb am 27. Mai 1925 im Alter von 53 Jahren. Als in den beiden Jahren danach die Hammerstatt errichtet wurde, würdigte ihn die Stadt, indem sie eine Straße nach ihm benannte. Doch obwohl er sowohl in Villingen als auch in Schwenningen vor lediglich etwas mehr als einem Jahrhundert so viel bewirkt hat, ist sie zusammen mit dem nach ihm benannten Platz eines von nur zwei Relikten in der Doppelstadt, die heute noch an ihn erinnern.

Heike Thissen

So geht's zum Braunagelplatz:

Der Braunagelplatz befindet sich in der Schwenninger Hammerstattsiedlung, wo Hammerstattstraße und Braunagelstraße aufeinandertreffen.

Einige der Steine aus der Stadtmauer stammen von der Burg Kirneck.

43

Stadtmauersteine

Die Reste der Burg Kirneck

Welche es sind, lässt sich nicht mehr genau sagen. Aber dass einige der in der Stadtmauer verbauten Steine eine ganz besondere Geschichte haben, da sei man sich, wie der Leiter des Städtischen Forstamts, Dr. Tobias Kühn, weiß, ziemlich sicher. „Es ist sehr wahrscheinlich, dass man Reste der Burg Kirneck sowohl für den Bau der Stadtmauer als auch für den Straßenbau verwendet hat." Zu Letzterem schreibt Ulrich Rodenwaldt in *Der Villinger Stadtwald*: „Als im Jahre 1818 im vorderen Kirnachtal das Teilstück der Straße über den Kesselberg nach Triberg angelegt wurde, hatte man einen Großteil der noch stehengebliebenen Mauern der Burg abgebrochen und die Steine zum Straßenbau verwendet." Die Steine, die in der Stadtmauer verbaut wurden, dürften schon früher gewandert sein, denn die innere Stadtmauer wurde bereits im 13. Jahrhundert gebaut, allerdings immer wieder verändert, zum Beispiel im Schweizerkrieg im Jahre 1499, als sie durch Rondelle und Torbastionen ergänzt wurde. Oder auch Ende des 17. Jahrhunderts und Anfang des 18. Jahrhunderts.

Die Steine in Stadtmauer und Straße sind aber nicht das Einzige, was von der Burg Kirneck übriggeblieben ist: mitten im Villinger Wald steht noch ihre Ruine. Wenn Forstamtsleiter Kühn an ihr vorbeikommt, hält er stets einen Moment inne, berührt vom Anblick dieser alten Mauern, die eine so wechselvolle Geschichte hinter sich haben. Sie beginnt Ende des 12. Jahrhunderts, als die Herren von Kirneck die kleine Burg als ihren Stammsitz errichteten. „Einer der ersten Herren ist auch noch bekannt, es handelt sich um Hugo von Kirneck, der um 1185 erstmals genannt wird", sagt Kühn. Die Kirnecker waren Vögte in Schwenningen, viele von ihnen auch Ritter, und erledigten „im Gefolge Herzog Bertholds IV. von Zähringen und der Grafen von Fürstenberg wichtige Dienstgeschäfte", wie Hermann Preiser in *Die Herren von Kürneck* schreibt. Sie „waren freier Dienstadel mit eigenem Besitz, also ursprünglich nicht durch Lehen gebunden. Als Beauftragte der Herzöge und Grafen waren sie dessen ausführende Organe und standen deshalb in engstem Kontakt mit der Bevölkerung." Doch mit dem Erstarken der Städte habe auch ihr Einfluss in Villingen abgenommen. „Die Mehrzahl der Kirnecker hat schon früh das Kirnachtal verlassen, weil dort für sie kein ausreichendes Gebiet zu ihrer Betätigung vorhanden war", erklärt der Autor. Die Burg blieb jedoch bis zum Aussterben der Linie in ihrem Besitz. Dann, 1365, fiel

Dr. Tobias Kühn auf den Stufen zur Ruine Burg Kirneck.

sie an deren Oheime, die Herren von Randegg und von Neuneck, die allerdings in großen finanziellen Schwierigkeiten steckten und die Burg 1373 an das Kloster St. Georgen verkauften. Somit wurde sie zum Wohnort für die Klostervögte, allerdings währte auch diese Periode nicht lang: 1383 verkaufte das Kloster das Bauwerk an den Villinger Bürgermeister Johansen Haimburger. Was dann mit der kleinen Festung geschah, ist nicht genau geklärt: „Manchen Quellen zufolge wurde sie im Laufe der Bauernkriege zerstört, andere gehen davon aus, dass die Stadt sie einfach verfallen ließ", erzählt Tobias Kühn. „Im Laufe der Zeit wurde sie jedenfalls immer wieder als Steinbruch genutzt und die Steine eben für die Stadtmauer und auch für den Straßenbau eingesetzt."

„Manchen Quellen zufolge wurde sie im Laufe der Bauernkriege zerstört, andere gehen davon aus, dass die Stadt sie einfach verfallen ließ."

Wenn man also an der Villinger Stadtmauer entlanggeht, kann man gewissermaßen auch ein Stück der Burg Kirneck passieren. Und wer über den Kesselberg fährt, rollt für einige Meter über die Reste der alten Festung.

Eva-Maria Bast

So geht's zu den Stadtmauersteinen:

Die Stadtmauer umschließt die Villinger Innenstadt. An welcher Stelle sich die Steine aus der Burg Kirneck genau befinden, lässt sich heute nicht mehr feststellen.

Leeres Schriftfeld

Als der Strom nach Schwenningen kam

Wenn dieses Schriftfeld hoch über der Schwenninger Kirchstraße seine Buchstaben noch tragen würde, dann wäre alles klar. Doch das Feld ist leer. Und so erschließt sich nicht auf den ersten Blick, um welches Gebäude es sich hier handelt und welche Funktion es einst erfüllte. Nur, dass es ein ganz besonderes Bauwerk gewesen sein muss, ist offensichtlich. Und dieser Eindruck täuscht nicht. Denn das leere Feld trug einst den Schriftzug „Elektrizitäts-Werk".

„Leider ist davon heute nichts mehr zu sehen", sagt Stadtführer Michael Kopp. So verrät nur der außergewöhnliche Baustil des hoch aufragenden Backsteingebäudes seine einstige Bedeutung. „Der Architekt Blasius Geiger, der in Schwenningen für viele Gebäude verantwortlich war, errichtete das Elektrizitätswerk als ein typisches Gebäude des Historismus", beschreibt der Schwenningen-Kenner die Architektur. Er hat herausgefunden, dass sich Geiger für das Haus vom Bergbau inspirieren ließ: „Das Elektrizitätswerk ist einem so genannten Malakow-Turm nachempfunden. Das waren Fördertürme mit einer charakteristischen Bauform, die eigentlich vor allem Mitte des 19. Jahrhunderts erbaut wurden." Diese massiven Fördertürme aus Mauerwerk fallen vor allem durch ihre festungsähnliche Architektur auf. Die war auch von Nöten, damit die Konstruktion im Inneren die schweren Seilscheiben halten und die enormen Zugkräfte der Fördermaschinen auffangen konnte. „Ihren Namen haben diese Türme vom Fort Malakow, einem Teil der russischen Festungsanlage Sewastopol. Im Krimkrieg zwischen 1853 und 1856 stand es für Stärke und Monumentalität. Deshalb hat Blasius Geiger diese Form des Turms in Schwenningen zitiert", sagt Michael Kopp.

Doch bevor Blasius Geiger mit seinen Arbeiten an dem Gebäude loslegen konnte, musste erst einmal der Schwenninger Gemeinderat davon überzeugt werden, dass kommunaler Strom eine durchaus wün-

Das leere Schriftfeld hoch oben am Gebäude über dem Rundbogen verrät heute nicht mehr, welch wichtige Funktion es einst erfüllte.

schenswerte Sache ist. „Das war gar nicht so einfach, weil in dem Gremium vor allem wohlhabende Bauern das Sagen hatten. Und die waren der Ansicht, dass Strom überflüssig sei und die Leute lieber schlafen sollten, wenn es dunkel ist", erklärt Kopp die Umstände. Brauereibesitzer Christian Braunmüller von der Bärenbrauerei (siehe Geheimnis 11) war da anderer Meinung. Er hatte für sein Unternehmen bereits ein eigenes Kraftwerk errichten lassen, um es mit ausreichend Strom zur Produktion von Bier zu versorgen. „Um den Gemeinderat zu überzeugen, ließ er für die entscheidende Sitzung eine Notstromleitung aus seiner Brauerei bis in den Sitzungssaal verlegen. So konnten die Zweifler mit eigenen Augen sehen, welchen Unterschied elektrisches Licht am Abend ausmachte", erzählt der Stadtführer schmunzelnd.

Bereits 1889 hatte die Firma Siemens und Halske angeboten, in Schwenningen ein Elektrizitätswerk einzurichten. Denn Fragebögen, die im Dorf verteilt worden waren, spiegelten durchaus ein Interesse der Bevölkerung an Strom wider. Doch daraus wurde zunächst nichts. Am 13. Dezember 1900 nahm Christian Braunmüller einen erneuten Anlauf, „sofort auf Rechnung der hiesigen Gemeinde ein Elektrizitätswerk zu bauen." Der Historiker Rainer Lächele schreibt in seinem Buch „Der Saft aus der Dose", dass bereits neun Tage später der Gemeinderat ein Einsehen hatte. Er zitiert aus der Zeitung Neckarquelle vom 23. Dezember 1900, dass der Bau an Bedingungen geknüpft war, nämlich an die „Voraussetzung, dass die Beteiligung an dem Unternehmen, ähnlich wie bei der Wasserversorgung, eine allgemeine ist und dasselbe wie letztere auf eigene Füße gestellt wird, d.h. dass diejenigen, welche kein Licht beziehen, auch an den Kosten nichts zu tragen haben." Vor allem die Schwenninger Fabrikanten waren es in der Folge, die darauf pochten, dass das Angekündigte auch umgesetzt werde.

Mitte 1901 ging es an die Arbeiten: Die Zehntscheuer, in der mehr als 150 Jahre lang die Abgaben der Bürger gelagert worden waren, wurde abgetragen, das Elektrizitätswerk an ihrem Standort errichtet. Am 18. Oktober 1902 feierten die Schwenninger ein Doppelfest: die Einweihung des neuen Realschulgebäudes und die des Elektrizitätswerks. Und am Abend desselben Tages leuchteten auf dem Neubau in den Farben Rot, Grün und Weiß 300 Glühbirnen, die zu einem Schriftzug zusammengefügt waren: „18. X. 02. LICHT U. KRAFT." Aus der Berichterstattung der Neckarquelle zitiert Rainer Lächele: „Hunderte bewunderten die prächtige, taghelle verbreitende Illumination und konnten sich nicht satt sehen." Der Strom war in Schwenningen angekommen, vier Jahre, bevor auch in Villingen die erste Elektrizität floss. Ein Jahr nach der Inbetriebnahme waren 73 Motoren mit insgesamt 399 PS an das Stromnetz angeschlossen und im Ort brannten mehr als 4000 Glühlampen und 26 Bogenlampen, in den Straßen 174 Glühlampen. „Von da an ging es mit der Entwicklung Schwenningens steil bergauf", ordnet Michael Kopp die Bedeutung des Elektrizitätswerks ein.

„Und die waren der Ansicht, dass Strom überflüssig sei und die Leute lieber schlafen sollten, wenn es dunkel ist."

Bis zum 1. März 1929 gehörte es der Stadt, dann verkaufte sie es an die Württembergische Landes-Elektrizitäts-Aktiengesellschaft. Als in den 1930er-Jahren das elektrische Netz auf Gleich- und Drehstrom umgebaut wurde, hatte das Werk in der Kirchstraße längst schon die Produktion eingestellt. Strom bekamen die Schwenninger künftig aus dem so genannten Werk II in der Lupfenstraße. Und spätestens seit der erklärende Schriftzug von dem Gebäude verschwunden ist, gerät seine ehemalige Funktion in Vergessenheit.

Heike Thissen

So geht's zum leeren Schriftfeld:

Das leere Schriftfeld, auf dem einst „Elektrizitäts-Werk" zu lesen war, befindet sich im Giebel des ehemaligen Schwenninger Elektrizitätswerks in der Kirchstraße/Ecke Bürkstraße.

Roland Brauner ist froh, dass die Romäusquelle nicht einen anderen Namen trägt.

45

Romäusquelle

Stadtheld versus Nazi

Was für ein Glück, dass das Wasser nicht gut genug war! Das trug der Quelle den ehrenvollen Namen Romäusquelle ein. Benannt wurde sie nach Bürger Remigius Mans alias Romäus, der anno 1497 im Romäusturm eingesperrt worden sein soll, weil er die Obrigkeit, namentlich Stadtschreiber Johannes Krus und den Schultheiß Hans Bletsch von Butzbach, gescholten hatte. Ein halbes Jahr lang war er dort hinter Schloss und Riegel und wurde von den Villingern bestens verpflegt, schließlich gelang ihm mit Hilfe eines Bürgers gar die Flucht. Im Anschluss verteidigte er die Küssaburg bei Waldshut-Tiengen und wurde damit zum Helden (siehe Geheimnisbuch 1). Warum man eine Quelle nach einem Helden benennt, wenn das Wasser nicht gut genug ist? Roland

Brauner weiß: „Das ersparte ihr die Peinlichkeit, nach einem Nationalsozialisten benannt zu werden", leitet er ein und führt dann aus: „Die Quelle entspringt einer Erdschicht, die sich zwischen Buntsandstein und Granit befindet. Und der Granit gehört zum Massiv des Eisenbacher Granits. Als die Quelle um 1935 erschlossen wurde, hoffte man deshalb, dass sie radiumhaltiges Wasser führen würde." Selbiges galt als ausgesprochen gesundheitsfördernd – und das wiederum passte zum Kurgedanken, der in Villingen zu Beginn des 20. Jahrhunderts sehr hochgehalten wurde und um den sich vor allem Oberförster Ganter (siehe Geheimnis 05) stark bemühte. „Das wollten sich die Nazis auf die Fahnen schreiben und die Quelle Dr.-Joseph-Goebbels-Quelle nennen", erzählt der stellvertretende Forstamtsleiter der Stadt Villingen-Schwenningen weiter. Das Wasser wurde untersucht – und die Ergebnisse waren ernüchternd! Wie sich zeigte, handelte es sich um ganz normales Wasser. Kein Radium und auch sonst nichts Besonderes. Die Enttäuschung war groß – und die Quelle erhielt nicht den Namen des Reichspropagandaministers im Dritten Reich, Joseph Goebbels (1897-1945). Denn eine stinknormale Quelle sollte freilich nicht die – zweifelhafte – Ehre haben, nach einem der einflussreichsten Politiker des Nationalsozialismus benannt zu werden. Das untersagte die Kreisleitung strikt.

So heißt die Quelle also nach dem Villinger Nationalhelden. Und auch wenn sie offiziell kein Trinkwasser führt, haben die Villinger doch noch etwas Besonderes an ihr gefunden: Sie hat einen sehr geringen Kalkgehalt. Brauner mahnt jedoch: „Da die Quelle nicht auf Verkeimung untersucht wird, trinkt der Nutzer auf eigenes Risiko." Und wer weiß – vielleicht wird man ja durch den Genuss des Quellwassers ebenso unerschrocken wie einst Romäus, der Villinger Held.

Eva-Maria Bast

So geht's zur Romäusquelle:

Von der Kirnacher Straße auf den Parkplatz abbiegen und dann noch ein paar Meter zu Fuß in Richtung Wald laufen.

Uhrenturm

Ein mutiger Schritt über den Neckar

Siegfried Heinzmann ärgert sich. Schon wieder haben Vandalen den Uhrenturm im Schwenninger Neckarpark mit ihren Kritzeleien besprüht. „Die haben offensichtlich keinen Respekt vor der Geschichte dieser Stadt", sagt der stellvertretende Vorsitzende des Schwenninger Heimatvereins. Ihm geht es ganz anders: Geboren in der Stadt am Neckarursprung, empfindet er große Wertschätzung gegenüber den Relikten, anhand derer sich heute noch sichtbar Geschichte nachempfinden lässt. Doch von dem vielen, mit dem er sich schon eingehend beschäftigt hat, liegt ihm der Uhrenturm besonders am Herzen.

„Er war früher unweit von seinem heutigen Standort auf dem Dach der Metallwarenfabrik Johann Jäckle zu finden", beginnt Heinzmann die Geschichte zu erzählen. Johann Jäckle (1864-1915) war ein Nachfahre des ersten Schwenninger Uhrmachers Johannes Jäckle. 1883 und 1884 betrieb er in seinem Heimatdorf – Schwenningen wurde erst 1907 zur Stadt erhoben – eine Reparaturwerkstatt für Fahrräder, die damals gerade aufkamen. Doch das Geschäft lief mehr schlecht als recht, sodass sich Johann Jäckle nach anderen Verdienstmöglichkeiten umsah. „Der inzwischen 22-Jährige gründete im Frühjahr 1886 seine Metallwarenfabrik. Diese war in Schwenningen das erste größere Unternehmen, das jenseits des Neckars baute. Alle Uhrenfabriken waren bis dahin im Dorfkern angesiedelt", erklärt Heinzmann. Das sei etwas Außergewöhnliches und durchaus auch Mutiges gewesen, urteilt er. Der heutige Neckarstadtteil war das erste Gebiet, um das das Dorf seine Fläche erweiterte. „Erschlossen wurde es im frühen 18. Jahrhundert und dann nach und nach ausgeweitet", erklärt der Heimatkenner dazu. Von Anfang an galt der Ortsteil Neckar als Arme-Leute-Viertel, als „Bethlehem" des Dorfes. Hier wohnten Tagelöhner und Arbeiter mit ihren oft kinderreichen Familien in ärmlichen und kleinen Häusern.

Siegfried Heinzmann hat sich dafür eingesetzt, dass der Uhrenturm hinter ihm nicht abgerissen, sondern bewahrt wurde. Dafür hatte er gleich mehrere Gründe.

Viele von ihnen fanden fortan Anstellung bei Johann Jäckle. Und weil sie offenbar sauber arbeiteten und die wirtschaftlichen Rahmenbedingungen stimmten, war die Firma schnell erfolgreich. 1896 und 1905 mussten die Produktionsstätten am Neckar erweitert werden, 1912 entstand ein großer Neubau an der Güterstraße. „Ein Jahr später warb Jäckle damit, die größte Metallwarenfabrik im Schwarzwald zu sein", beschreibt der Heimatkenner die Erfolgsgeschichte des Unternehmens. Die Arbeiter stellten verschiedenste Uhrenbestandteile wie Ziffernblätter, Schilder und Skalen, außerdem Gewichtshülsen und Pendel her, aber auch sogenannte Galanteriewaren wie zum Beispiel Gardinenstangen, Leuchter, Lichtauslöscher und vieles mehr.

„Er war früher unweit von seinem heutigen Standort auf dem Dach der Metallwarenfabrik Johann Jäckle zu finden."

An dem Erfolg der Firma änderte sich auch dann nichts, als Johann Jäckle 1915 im Alter von 51 Jahren starb. Seine Frau Anna (1865-1934) führte die Geschäfte bis 1919 weiter und übergab dann die Leitung an zwei ihrer Söhne. Im Zweiten Weltkrieg mussten die Fabrikarbeiter Packgefäße für Munition und Bestandteile für die Kriegswirtschaft herstellen, nach Kriegsende produzierten sie Gehäuse für die Firma Hanhart, die Uhren für französische Soldaten fertigte. Wenig später erlebte der Betrieb zusammen mit der gesamten Uhrenindustrie des badischen und württembergischen Schwarzwaldes einen enormen Aufschwung. Bis zum Ende des 20. Jahrhunderts gehörte die Johann Jäckle Metallwarenfabrik zu den erfolgreichsten Unternehmen in Schwenningen. Doch mit dem Niedergang der Branche ging es auch mit ihren Zulieferern bergab. Jäckles Firma wurde 2003 erst von einem Gosheimer Konkurrenten übernommen, bevor 2005 die Insolvenz bekanntgegeben wurde.

Bis 2009 befanden sich der Uhrenturm dort, wo heute die Neue Neckarhalle steht, auf dem zwischenzeitlich verwaisten Verwaltungsgebäude. Dann mussten sämtliche Bauten wegen der anstehenden Landesgartenschau abgerissen werden. „Zunächst sah es so aus, als ließe sich der Turm nicht retten. Damit wäre uns ein wertvolles Relikt verloren gegangen", sagt Siegfried Heinzmann. Doch zusammen mit dem Heimatverein und vielen anderen Bürgern engagierte er sich für den Erhalt – mit Erfolg. Die Stadt übernahm die Kosten für den Abbau des Türmchens, ein Planungsbüro und zahlreiche Handwerker aus Stadt und Region unterstützten das Projekt. Viele Spender sorgten dafür, dass der Turm saniert und wieder aufgestellt werden konnte.

Heute sieht er so aus, als wäre er nagelneu und hätte nicht schon mehr als 120 Jahre im Ringen mit Wind und Wetter auf einem Fabrikdach gestanden. In seinem Innern tickt ein neues Uhrwerk. Zifferblätter und Windrose leuchten strahlend goldfarben. Neue Schieferplatten haben die alten, verwitterten ersetzt und er hat einen neuen Holzunterbau mit Metallverkleidung bekommen. „Das war schon unglaublich, wie sehr sich alle engagiert haben", sagt Heinzmann anerkennend. Und er selbst? Warum hat er sich so für den Turm eingesetzt? „Ich bin ein gebürtiger Schwenninger, ich habe in der Uhrenindustrie gelernt und ich war hier auf der Meisterschule. Da ist es ganz selbstverständlich, dass mir die Industriegeschichte Schwenningens am Herzen liegt", erklärt er.

Und so freut sich Siegfried Heinzmann ganz besonders, dass der Uhrenturm am Neckartalradweg an die Johann Jäckle Metallwarenfabrik erinnert – auch, wenn dieser nicht wie das einstige Unternehmen jenseits des Neckars steht, sondern auf der anderen Seite des Flüsschens. Nur über eines ärgert er sich: Wenn andere die historischen Überbleibsel nicht so wertschätzen, wie sie es verdienen.

Heike Thissen

So geht's zum Uhrenturm:

Der Uhrenturm steht im Schwenninger Neckarpark am Neckartalradweg, genau dort, wo der Margarete-Hoffer-Weg auf die Straße „Neckarpark" trifft.

Das Bisellykreuz hat schon mehrfach seinen Standort gewechselt.

47

Bisellykreuz

Ein Gedenkstein auf Wanderschaft

Was Adam Biselly wohl gesagt hätte, hätte er geahnt, welch unbequemes Schicksal das Steinkreuz ereilen würde, das er im Jahr 1929 stiftete? Heute steht es auf dem Wieselberg oberhalb von Nordstetten, einem Weiler, der zu Villingen gehört. Doch bis es an diesen Standort kam, war es ein langer Weg.

Der aus dem Bärental bei Friedlingen stammende Landwirt Biselly hatte es ursprünglich auf dem Gelände des Klosterhofs St. Ursula zwischen Schabenhausen und Fischbach aufstellen lassen. „Vermutlich errichtete Biselly es als Ausdruck des Dankes an Gott", sagt der Kenner der Weg- und Flurkreuze Konrad Flöß. „Auch heute dienen diese Kreuze noch häufig als Ort des Gebets und der Fürbitten."

Und so lässt sich auch die Inschrift im Sockel des Kreuzes: *Treu und redlich war dein Erdenleben, Gott wird dafür Segen geben* interpretieren.

Doch dort, wo Biselly das Kreuz einst aufstellen ließ, stand es nicht lange: Als die Gewerbeschule im Gewann Steppach gebaut wurde, war es im Weg. „Es wurde damals an das Sträßchen nach Weilersbach, das sogenannte Todessträßchen, versetzt", schreibt Kurt Müller, der sich viel mit dem Feldkreuz beschäftigt hat, in einem Aufsatz. Doch damit hatte es seinen endgültigen Standort noch nicht gefunden: Als die Straße nach Herdenen gebaut wurde, musste es wieder weichen und zog nun in die Nähe des Familienfreizeitparks um. „Kein guter Ort, wie sich herausstellen sollte, denn dort wurde es immer wieder Opfer von Vandalismus", äußert Flöß bedauernd. Dann jedoch kam die Rettung – in Person von Johann Drändle, seines Zeichens Mitglied bei der Heilig-Kreuz-Pfarrei und obendrein noch im Geschichts- und Heimatverein aktiv. Er hatte „immer schon ein sorgendes Auge auf das Kreuz geworfen", wie Müller schreibt, ließ es wieder reparieren und erreichte, „dass 2005 auf städtischem Grund am Wieselsberg ein neuer Standort gefunden werden konnte." Seine Ruhe hatte das Kreuz dort aber immer noch nicht: Erneut fiel es blinder Zerstörungswut zum Opfer. Die Unruhestifter hatten es auf den Keramik-Christuskopf in der Mitte des Kreuzes abgesehen und zerschlugen das schöne Stück. Auf Kosten des Villinger Geschichts- und Heimatvereins wurde der Kopf wieder saniert. Müller schreibt: „Es bleibt die Hoffnung, dass dieses restauriert und durch Bronzearbeit aufgewertete religiöse Kleindenkmal die nächsten Jahrzehnte zur Freude und Besinnung der Wanderer unbeschadet überdauern kann."

Eva-Maria Bast

So geht's zum Bisellykreuz:

Es steht auf dem Gewann Wieselberg, oberhalb von Nordstetten.

48

Kirchturm

Wo die Villinger Altstadt wirklich liegt

Es klingt nach einer einfach zu beantwortenden Frage: „Wo geht es denn in die Altstadt?", möchten Besucher in Villingen gern wissen, wenn sie ihr Auto außerhalb der Anlagen abgestellt haben. Natürlich wird jeder hilfsbereite Schwarzwälder den Fragenden in die Bickenstraße, in die Rietstraße oder zum Münster schicken. Doch genau genommen ist das falsch. „Eigentlich ist die wahre Altstadt nicht der innerstädtische Teil mit seinen historischen Gebäuden, sondern das Gebiet rund um den Turm der Altstadtkirche und die Altstadtquelle", erklärt Stadtführer Dieter Mauch. Und die beiden liegen bekanntermaßen nirgendwo anders als auf dem Friedhof an der Marbacher Straße.

„Eigentlich ist die wahre Altstadt nicht der innerstädtische Teil mit seinen historischen Gebäuden, sondern das Gebiet rund um den Turm der Altstadtkirche und die Altstadtquelle."

Dass die historische Altstadt dort zu finden ist, wo die Villinger ihre Toten zur letzten Ruhe betten, hat mit dem Ursprung des Ortes zu tun. Denn genau hier ließen sich im 4. Jahrhundert nach Christus die Alemanen nieder und gründeten das Dorf „Filingun". „Grund dafür war die Quelle, die hier entsprang und die es ja heute noch gibt", weiß der Sonderpädagoge. Frisches Wasser habe beim Siedlungsbau eine entscheidende Rolle gespielt. „Und das, was wir heute als Altstadtquelle kennen, war damals eine mächtige Quelle, die 15 Liter pro Sekunde ausschüttete", berichtet Dieter Mauch über die Hintergründe. Es dauerte nicht lange, bis sich die Siedlung vergrößerte. Und als das Christentum in der Region Einzug hielt, errichteten die Menschen östlich der Brigach um 1100 auch ihre eigene Kirche, aus der später dann die Altstadtkirche entstand. „Davon steht nur noch der Turm im romanischen Baustil. Aber er gilt als das älteste Gebäude der Stadt", sagt

Dieter Mauch steht in der Villinger Altstadt. Dass diese heutzutage nur noch aus einem Kirchturm, einer Quelle und einem Friedhof besteht, hat besondere Gründe.

Mauch mit Blick auf das hoch aufragende Bauwerk. Bleibt also die Frage, warum an dieser Stelle heute ein Friedhof zu finden ist, und nicht historische Bauwerke, Cafés und Ladenzeilen, wie man es von einer Altstadt eigentlich erwarten würde.

Das älteste Bauwerk Villingens: der Turm der Altstadtkirche.

„Dass das Dorf auf die andere Seite der Brigach umzog, hat unmittelbar damit zu tun, dass Kaiser Otto III. im Jahr 999 dem Grafen Bertold das Recht verlieh, einen öffentlichen Markt, mit Münze, Zollstätte und Gerichtsbann anzulegen", zählt Mauch auf. Das war ein außerordentliches Privileg für einen weltlichen Herren, war es doch das erste Mal, dass einer wie er für einen seiner Orte diese königlichen Rechte – Regalien genannt – erhielt. Und genau so steht es in der Urkunde: „ (…) Unserem Grafen Berthold gegeben, verliehen und bewilligt (…) das Recht und die Gewalt in einem ihm gehörigen Ort, genannt Vilingun, einen öffentlichen Markt zu gründen und einzurichten mit einer Münze, einer Zollstätte und dem ganzen öffentlichen Gerichtsbann, auch in der Grafschaft Bara, welche, wie kund ist, Graf Hildibald mit seiner Machtbefugnis verwaltet."

Da den Zähringern der Platz für ihren Markt östlich der Brigach nicht ausreichte und sie ihn besser schützen wollten, gründeten sie im Brigachbogen – knapp einen Kilometer Luftlinie von „Vilingun" entfernt – eine neue Ansiedlung. In der ersten Hälfte des 12. Jahrhunderts wurde mit dem Bau der Stadt begonnen. „Heimatforscher Werner

Huger legt in seinem Beitrag ‚Die Gründungsidee der Stadt Villingen' anschaulich dar, dass wirtschaftliche, rechtlich-politische und geopolitische Faktoren den Ausschlag dafür gaben, auf die andere Flussseite umzuziehen. So war beispielsweise von dort die Verbindung in Richtung Schwarzwald, Freiburg, Breisgau und die Rheinebene besser zu bewältigen. Außerdem lag die neu zu errichtende Marktsiedlung auf Zähringer Gebiet, so dass der jeweilige Graf oder Herzog dort als alleiniger Grundherr schalten und walten konnte.

„Das war ein außerordentliches Privileg für einen weltlichen Herren."

Aus der neuen Siedlung entwickelte sich Villingen, wie es Einheimische und Besucher heute kennen. Vom Ursprung des Ortes – von der Altstadt also im eigentlichen Sinne – ist nichts geblieben außer einem Kirchturm, einer Quelle und einem Friedhof. Wohin er also Besucher schickt, die nach dem Weg in die Altstadt fragen, muss jeder Villinger für sich entscheiden.

Heike Thissen

So geht's zum Kirchturm:

Der Turm der Altstadtkirche steht auf dem Villinger Friedhof an der Marbacher Straße, unübersehbar in Nähe des Haupteingangs.

OPTIK & AKUSTIK
LINDER
LINDER

Olfewiib

Schnell nach Hause an den Herd

Sie sieht wirklich gestresst aus, diese Frau aus Stein, die mit wallenden Kleidern am Körper und einer Sanduhr im Arm über den Schwenninger Marktplatz zu rennen scheint. Als Künstler Jakob Wilhelm Fehrle (1884-1974) aus Schwäbisch Gmünd diese Plastik schuf und sie „Die Zeit“ nannte, muss er dabei vor allem daran gedacht haben, wie schnell sie vergeht, die Zeit. Doch die Schwenninger, die seit 1953 so vor Augen geführt bekommen, wie schnell Sekunden, Minuten und Stunden verrinnen, assoziieren mit der Plastik etwas ganz anderes.

„Für uns ist das nicht die Zeit, sondern das Olfewiib“, erklärt Michael Kopp. Der Begriff bezieht sich auch auf die so genannten „Elf-Uhr-Frauen“ der Uhrenindustrie. „Die Arbeiterinnen mussten ja Beruf, Haushalt und Familie unter einen Hut bringen. Deshalb hatten sie eine längere Mittagspause, wobei ‚Pause‘ es nicht so richtig trifft“, sagt der Stadtführer. Denn tatsächlich rannten die Frauen, sobald um 11 Uhr die Sirenen in den Fabriken heulten, weg von ihrem Arbeitsplatz und ab nach Hause an den Herd, wo sie für ihre Männer und Kinder, die eine Stunde später hungrig nach Hause kamen, das Mittagessen zubereiteten. Pünktlich um 13 Uhr standen sie dann wieder in der Fabrik, um Uhren zu fertigen. „Frauen waren in der Uhrenherstellung besonders gern als Arbeiterinnen eingestellt, weil sie mit ihren kleinen und flinken Händen in der Feinmechanik präziser arbeiteten als die meisten Männer. Außerdem waren sie billiger“, hat Michael Kopp bei seinen Recherchen zu dem Thema herausgefunden. Bis zu drei Viertel einer Belegschaft bestand aus Frauen. Ohne ihre Arbeitskraft hätten die Schwenninger Fabriken in den 1920er-Jahren niemals 10.000 Uhren pro Tag herstellen und Schwenningen hätte sich nicht „größte Uhrenstadt der Welt“ nennen können. Das habe jedoch auch bedeutet, dass sie ihr eigenes Geld verdienten und dadurch vergleichsweise emanzipiert waren. Nicht nur aus dem Leben der Elf-Uhr-

Wo rennt sie denn hin? Die Frau hat es sichtlich eilig. Michael Kopp weiß, warum.

Frauen war die Uhrenindustrie nicht wegzudenken, sondern auch aus ganz Schwenningen nicht. Seit 1858 Johannes Bürk (siehe Geheimnis 34) die erste Uhrenfabrik in der Stadt am Neckarursprung gegründet hatte, nahm der Aufschwung als Industriestadt seinen Lauf. 1860 folgte die Uhrenfabrik Mauthe, drei Jahre später Schlenker & Kienzle. Schlenker-Grusen wurde 1888 ins Leben gerufen. Aus den Familienbetrieben wurden schnell Weltkonzerne. So führte Kienzle 1894 die sogenannte amerikanische Produktionsweise ein. „Damit war die Serienfertigung von billigeren Uhren gemeint, mit offenen Federn, leichten Hohlplatinen und gestanzten Rädern", erklärt Michael Kopp. Zu dem Zwecke, dass seine Arbeiter nicht nur von Sonnenauf- bis Sonnenuntergang arbeiten konnten, war seine Firma die erste, die ab 1896 elektrisches Licht zur Verfügung hatte, erzeugt von einem Benzinmotor. Ein Jahr später waren aus anfangs 20 Mitarbeitern bereits 600 geworden. Die tägliche Arbeitszeit betrug zwölf Stunden, ihren Lohn erhielten sie einmal pro Woche bar auf die Hand und die Kündigungsfrist betrug 14 Tage. Die Zeit – das wird an dieser Aufzählung deutlich – spielte im Leben der Schwenninger Arbeiterinnen und Arbeiter in vielfacher Hinsicht eine große Rolle.

„Da finde ich es einen passenden Zufall, dass ausgerechnet der Uhrenfabrikant Hellmut Kienzle zum Gedenken an seinen Vater Jakob Kienzle die Statue gestiftet hat, die wir heute als Hommage an die Arbeiterinnen empfinden", sagt Kopp. Zuvor hatte bis zum Zweiten Weltkrieg an derselben Stelle eine andere Bronzeplastik von Fehrle gestanden, die „Der junge Neckar" hieß und wiederum von Kienzle senior gestiftet worden war. Mit ihm, der im Kriegsgeschehen zerstört wurde, war die Zeit auf dem Schwenninger Marktplatz noch nicht so in Eile, wie sie es heute ist.

Heike Thissen

So geht's zum Olfewiib:

Die Statue steht vor dem Schwenninger Rathaus auf dem Marktplatz.

Eine sehr prägnante Wetzrille am Münster.

50

Wetzrillen

Von Teufeln, Regenrinnen und Bettlern

Das Münster „Unserer Lieben Frau“ in Villingen ist immer ein lohnendes Ziel. Doch die meisten Menschen, die das Gotteshaus besuchen, gehen schnurstracks hinein – und übersehen dabei ein kleines, aber wichtiges Detail, das sich links des Eingangs am Südportal befindet: eine lange Einritzung, die in der Mitte etwas tiefer ist als an ihren Enden. Derartige Rillen finden sich an vielen Stellen in ganz Deutschland. Was es damit auf sich hat? An dieser Frage haben sich schon zahlreiche Historiker und Forscher die Zähne ausgebissen. Einer von ihnen ist Karl-Friedrich Haas, der jahrzehntelang zu diesem Thema geforscht hat. Er fand einen ganz neuen Erklärungsansatz und veröffentlichte ein fast 500 Seiten dickes Buch mit dem Titel *Unerklärliche Zeichen im Stein* zu seinen Erkenntnissen.

Die Varianten, wie diese merkwürdigen Rillen entstanden sein könnten, reichen vom Teufel, der hier seine Krallen eingehauen haben soll, über die simple Vermutung, die Regenrinne sei undicht und der saure Regen habe im Laufe der Zeit die rillenartigen Einkerbungen hinterlassen, bis hin zu der Ansicht, dass es sich um eine Geheimschrift der Bauleute handle. Bei all dem hat Haas schon früh abgewunken. Für etwas wahrscheinlicher hielt er die Erklärung, dass der Steinstaub als Heilmittel abgeschabt wurde. Genannt wird dieser zum Beispiel als wirksam gegen Pest, Epilepsie, Unfruchtbarkeit und vieles mehr. All das sei jedoch „bei näherem Hinsehen nicht wahrscheinlich und stichhaltig".

Eine weitere mögliche Erklärung führt Georg Steffel in seinem Aufsatz *Die rätselhaften Rillen* an: „Es muss einen konkreten Grund geben, weshalb die Rillen in der Nähe von Türen und Toren entstanden sind." Und noch dazu eben an Gebäuden, in denen viele Menschen zusammentrafen. „In allen Fällen wird das Bedürfnis bestanden haben, beim Verlassen der Gebäude nach Eintritt der Dunkelheit Licht zu machen, eine Laterne zu entzünden oder etwa eine Tabakspfeife in Brand zu setzen." Übrigens: Steffel hat selbst ausprobiert, ob sich an Sandstein Feuer schlagen lässt, und dabei keine Mühe gescheut. Er schreibt: „Es bleibt festzustellen, dass es möglich ist, ohne besonderen Aufwand und mit Regelmäßigkeit Feuer aus Sandstein zu entfachen. Quod erat demonstrandum."

Das romanische Südportal des Münsters.

Mit der Variante des Feuerschlagens hat sich auch Haas ausführlich beschäftigt – in seinem Werk *Unerklärliche Zeichen im Stein* beleuchtet er das Thema von allen Seiten. Zum Beispiel zitiert er Richard Beitl, der schrieb: „Nach dem Ritus der Kath. Kirche wird am frühen Morgen des Karsamstags, nachdem zuvor in der Kirche alle Kerzen gelöscht sind, auf dem Kirchhofe das ‚Osterfeuer' (ignis paschalis) oder ‚Judasfeuer' entzündet. […] Nach alten Vorschriften soll der Brand durch Stahl und Stein erzeugt werden […]." An anderer Stelle und viel früher heiße es jedoch, so Haas, zu den Wetzrillen: „Kirchlichen Zwecken, etwa zur Entzündung des Osterfeuers, verdanken sie ihren Ursprung nicht. Denn nach kirchlicher Vorschrift soll das Osterfeuer am Carsamstage ex lapide (aus dem Stein) gewonnen werden, wozu gewiß der later (Ziegelstein) nicht zu rechnen ist." Haas überlegt: „Wenn das ‚Feuerschlagen' nur zum Erzeugen des Osterfeuers angewendet wurde, wurde dies dann einmal nur im Jahr gemacht und zudem nur an der (Pfarr-) Kirche bzw. in der Nähe einer Kirchentüre oder der Sakristei? Wie ist dann die häufig doch sehr hohe Zahl von Rillen zu erklären, vor allem, wenn für jede Rille hunderte oder gar tausende Kratzvorgänge erforderlich waren?"

„Als Rechtsmerkmale sind sie an Kirchen- und Stadtmauern des deutschen Kulturgebiets zahlreich zu finden. Als ein ehemaliger heidnischer und germanischer Brauch sollte hier bei Eheschließungen das sog. Eheschwert geschliffen worden sein."

Kurt Pilz hatte in einer Publikation noch eine andere Überlegung, die Haas zitiert: „Als Rechtsmerkmale sind sie an Kirchen- und Stadtmauern des deutschen Kulturgebiets zahlreich zu finden. Als ein ehemaliger heidnischer und germanischer Brauch sollte hier bei Eheschließungen das sog. Eheschwert geschliffen worden sein. Die ungetreue Ehefrau könnte enthauptet worden sein. Auch sollten ebenso die abgestellten Waffen der Kirchgänger geschliffen (worden) sein. Es ist also ein Schwert- oder Beilzauber." Diese These gehört aber zu den vielen, die Haas ausschließt. Er hält auch die Variante, dass die Soldaten ihre Schwerter hier segneten, für unwahrscheinlich und bemüht dafür auch eine Quelle: „Übrigens wird das so häufig erwähnte Schärfen von Schwertern bereits 1916 abgelehnt", schreibt er und zitiert: „Die meistverbreitete Erklärung geht dahin, daß Ritter, wehrfähige Bürger und Kriegsleute, durch einen Aberglauben an die heiligende Macht des Gotteshauses getrieben, ihre Waffen an den Steinen schärften, so daß durch dieses Schleifen allmählich tiefe Rillen entstanden. Die Annahme ist unrichtig, und unschwer zu widerlegen. Wer die Spitze einer Lanze oder eines Schwertes gegen einen Mauerstein gerieben hätte, würde mit unbedingter Sicherheit erreicht haben, daß die Waffe gänzlich abgestumpft oder unbrauchbar geworden wäre."

Nein, diese Varianten stellten Haas nicht zufrieden und er forschte weiter. Gedanken hat er sich auch darüber gemacht, warum nichts schriftlich über die Wetzrillen überliefert ist. Hier bemüht er Walter Heinz und Werner Kaschel, die in *Von Wetzrillen und Reibschälchen* schreiben: „Über die Entstehung der Wetzrillen [...] in der Geschichte nachzuforschen wäre gleichbedeutend mit der Frage, wie eigentlich ein Nagel in das Holz kommt. Es waren [...] alltägliche Vorgänge und daher nicht erwähnenswert." Das glaubt auch Haas. Er vermutet, dass sie von Bettlern als Zeichen dafür eingeritzt wurden, dass sich in diesem Haus ein freigiebiger Mann befindet – oder in dieser Kirche (hier sind sie besonders oft zu finden) ein großzügiger Priester. Haas schreibt: „Fundstellen finden sich an Orten, wo für Bettler Almosen oder Spenden zu erwarten waren und wo die Möglichkeit bestand, Nachrichten für andere über ein erfolgversprechendes Betteln zu hinterlassen." Im 16. Jahrhundert sei die Zahl der Bettler stark angewachsen und der Dreißigjährige Krieg „mit einem weiträumigen wirtschaftlichen Niedergang, mit der Zerstörung von Land, Stadt und Dorf, mit den vielen Toten

Weitere Wetzrillen kann man auf der anderen Seite des Südportals entdecken.

aufgrund von Kriegseinwirkungen und insbesondere der Seuchen, aber auch allgemeinem Niedergang etwa hinsichtlich Disziplin der Soldateska" habe „zu einem riesigen Heer von Bedürftigen und Armen geführt". Haas hat ein Zitat von einem Virchow gefunden, möglicherweise Rudolf Virchow (1821-1902), der „um 1884 davor gewarnt habe, diese Rund- und Wetzmarken nicht zu unterschätzen, ‚da sie über Wanderungen und Verbreitung der Völker Aufschluß geben könnten'". Und er hat festgestellt, dass sich viele Rillen an den einstigen Hauptverkehrsstraßen befänden. Und noch eine weitere Deutung hat er aufgetan: Hubert Streicher schrieb Anfang des 20. Jahrhunderts ein Werk zu Gaunerzinken und meinte, ein Kreis oder eine größere Zahl von Kreisen als Gaunerzinken bedeute „Hier bekommt man Geld".

Und wie kamen die Rillen nun in den Stein? „Als Werkzeug zur Erzeugung von Rillen dienten Löffel aus (Schmiede?)Eisen, zur Erzeugung von Näpfchen ein Bohrer oder ähnliche Werkzeuge aus Eisen", ist der Forscher überzeugt.

Welche These auch immer stimmt: All jene, die auf welche Weise und aus welchen Grund auch immer die Rillen in den Stein schlugen, hätten wohl nicht gedacht, dass sich Jahrhunderte später unzählige Menschen darüber wundern und sogar ganze Bücher zu diesem Mysterium verfassen würden.

Eva-Maria Bast

So geht's zu den Wetzrillen:

Sie befinden sich am Münster „Unserer Lieben Frau", Villingen, am romanischen Südportal.

Quellen und Literatur, Bildnachweis

Ays, Hermann: Die alten Griechen in Schwaben, Norderstedt 2013, S. 107.

Bode, Eugen; Jenisch, B.: "Villinger Gasthäuser bis zur Mitte des 20. Jahrhunderts". In: Geschichts- und Heimatverein Villingen e.V. (Hrsg.): Villingen im Wandel der Zeit. Jahresheft des Geschichts- und Heimatvereins Villingen. Jahrgang XVI. Villingen 1992. URL: http://wiki.ghv-villingen.de/?p=4955. Abgerufen am 19.4.2019.

Boewe-Koob, Edith: "Ursula Haider". In: Geschichts- und Heimatverein Villingen e.V. (Hrsg.): Villingen im Wandel der Zeit. Jahresheft des Geschichts- und Heimatvereins Villingen. Jahrgang XXXVII. Villingen 2015. URL: http://wiki.ghv-villingen.de/?p=6941. Abgerufen am 28.4.2019.

Brandes, Dieter; Hausen, E.: Gotthilf Weber. URL: https://pro-stolpersteine-vs.de/schicksale.php?storyNumber=18. Abgerufen am 5.4.2019.

Brandiu, Sorin: Versöhnung und Vergöttlichung. Sündenbekenntnis und Mysterium der Sündenvergebung in der rumänisch-orthodoxen Theologie. Regensburg 2016, S. 218.

Colli, Hermann: "Aus der Mitte heraus zum Leben". In: Geschichts- und Heimatverein Villingen e.V. (Hrsg.): Villingen im Wandel der Zeit. Jahresheft des Geschichts- und Heimatvereins Villingen. Jahrgang XXV. Villingen 2002. URL: http://wiki.ghv-villingen.de/?p=399. Abgerufen am 9.4.2019.

Conradt-Mach, Annemarie: Chemiefabrik und Umweltskandal anno 1833. Zur Industriegeschichte Villingens. In: Der Almanach. Heimatbuch Schwarzwald-Baar-Kreis Nr. 13, 1989, S. 67-73.

Conradt-Mach, Annemarie: "Dr. Emil Braunagel - Vordenker der Städtefusion". In: Landratsamt Schwarzwald-Baar-Kreis (Hrsg.): Almanach 87. Heimatjahrbuch des Schwarzwald-Baar-Kreises. 11. Folge. Villingen 1987, S. 136-141.

Cremer, Folkhard: "Ein neusachlicher Werkbundbau zwischen Traditionalismus und Expressionismus. Das Schwenninger Rathaus von Hans Herkommer". In: Landesamt für Denkmalpflege im Regierungspräsidium Stuttgart (Hrsg.): Denkmalpflege in Baden-Württemberg - Nachrichtenblatt der Landesdenkmalpflege. 42. Jahrgang. Nr. 2/2013. Stuttgart 2013, S. 115-120.

Cremer, Folkhard: Als Schwenningen Großstadt werden wollte. Bürgermeister Ingo Lang von Langen, das Rathaus von Hans Herkommer, das Krematorium und der städtische Siedlungsbau der 1920er Jahre. Villingen-Schwenningen 2014.

Der Schwarzwälder vom 18. September 1888.

Evangelische Kirchengemeinde Schwenningen: Die Geschichte des Markusbezirks 1950 bis 2005: "Korea-Siedlung" - Markuskirche - Rinelengebiet - Rinelenzentrum. URL: https://www.gemeinde.schwenningen.elk-wue.de/drei-kirchen-eine-gemeinde/erinnerung-markuskirche-und-markuszentrum/markusbezirk-geschichte/. Abgerufen am 28.4.2019.

Franziskanerinnen von Reute: Ein Weg bewegt. URL: https://www.kloster-reute.de/bei-uns-zu-gast/wallfahrten-zur-guten-beth/die-gute-beth/veroeffentlichungen/. Abgerufen am 28.4.2019.

Fuchs, Josef: "Die Stadt Villingen im 12. und 13. Jahrhundert". In: Müller, Wolfgang (Hrsg.): Villingen und die Westbaar. Bühl 1972, S. 86-99.

Gruber, Otto: "Anker (in der Architektur)". In: Reallexikon zur Deutschen Kunstgeschichte. Band 1. Stuttgart 1935, Spalten 708-714.

Haas, Walter K. F.: "Der Marktplatz zu Villingen". In: Geschichts- und Heimatverein Villingen e.V. (Hrsg.): Villingen im Wandel der Zeit. Jahresheft des Geschichts- und Heimatvereins. Jahrgang XXII. Villingen 1999/2000. URL: http://wiki.ghv-villingen.de/?p=3900. Abgerufen am 04.04.2019.

Haas, Walter: Die Hammerkapelle beim Villinger Kurpark. http://wiki.ghv-villingen.de/?p=5146

Handwörterbuch des deutschen Aberglaubens, Walter de Gruyter -Berlin, New York, 1987, Band 1, Spalte 1303 (Bildstock).

Huger, Werner: Das mittelalterliche Sühnekreuz von Obereschach. In: Geschichts- und Heimatverein Villingen e.V.,. URL: http://wiki.ghv-villingen.de/?p=3869. Abgerufen am 22.03.2019.

Jenisch: Allhie zuo Villingen, Villingen 1990, S. 24

Jenisch, Bertram: Die Entstehung der Stadt Villingen. Stuttgart 1999, S. 34.
Jenisch, Bertram: Villingen - Archäologische Zeugnisse der Besiedlung im 11. und 12. Jahrhundert. In: Heinrich Maulhardt, Thomas Zotz (Hrg.): Villingen 999 - 1218. Waldkircher Verlagsgesellschaft, Waldkirch 2003.

Heimatverein Schwenningen e.V. (Hrsg.): Das Heimatblättle. Schwenninger Monatsschrift für Stadtgeschichte und Brauchtum. 60. Jahrgang, Nr. 10. 715. Folge. Villingen-Schwenningen 2012, S. 3-8.

Heimatverein Schwenningen e.V. (Hrsg.): Das Heimatblättle. Schwenninger Monatsschrift für Stadtgeschichte und Brauchtum. 60. Jahrgang, Nr. 9. 714. Folge. Villingen-Schwenningen 2012, S. 2.

Heimatverein Schwenningen e.V. (Hrsg.): Das Heimatblättle. Schwenninger Monatsschrift für Stadtgeschichte und Brauchtum. 64. Jahrgang, Nr. 5. 755. Folge. Villingen-Schwenningen 2016, S. 6 f.

Heinzmann, Siegfried: "Die Schuh-Würthner in Schwenningen". In: Heimatverein Schwenningen e.V. (Hrsg.): Das Heimatblättle. Schwenninger Monatsschrift für Stadtgeschichte und Brauchtum. 65. Jahrgang, Nr. 11. Villingen-Schwenningen 2017.

Heinzmann, Siegfried: "Massenherstellung von Zifferblättern, Gewichtshülsen und Pendeln. Metallwarenfabrik Johann Jäckle". In: ders.: … mit langer Hos' und Dächleskapp' … Die Entwicklung Schwenningens vom Bauerndorf zur Industriestadt 1600 bis 1918. . Umbstadt-Weiher 2017, S. 201-203.

Heinzmann, Siegfried: … mit langer Hos' und Dächleskapp' … Die Entwicklung Schwenningens vom Bauerndorf zur Industriestadt 1600 bis 1918. Umbstadt-Weiher 2017, S. 73-81; 88 ff.

Heinzmann, Siegfried: Schwenningen. Meine Stadt wird hundert. Villingen-Schwenningen 2006, S. 284 f.

Helmstädter, Albert; Hermle, L.: "Villingen - einst und heute". In: Geschichts- und Heimatverein Villingen e.V. (Hrsg.): Villingen im Wandel der Zeit. Jahresheft des Geschichts- und Heimatvereins Villingen. Jahrgang XXXVII. Villingen 2014. URL: http://wiki.ghv-villingen.de/?p=3445. Abgerufen am 19.4.2019.

Hermle, Lambert: "Die Tracht der Altvillingerin". In: Geschichts- und Heimatverein Villingen e.V. (Hrsg.): Villingen im Wandel der Zeit. Jahresheft des Geschichts- und Heimatvereins Villingen. Jahrgang XXIII. Villingen 2000. URL: http://wiki.ghv-villingen.de/?p=3835. Abgerufen am 25.4.2019.

Hermle, Lambert: "West-Bahnhof - ein Begriff im Villinger Volksmund". In: Geschichts- und Heimatverein Villingen e.V. (Hrsg.): Villingen im Wandel der Zeit. Jahresheft des Geschichts- und Heimatvereins Villingen. Jahrgang XXX. Villingen 2007. URL: http://wiki.ghv-villingen.de/?p=1536. Abgerufen am 19.4.2019.

Huger, Werner: "Das Amt des Villinger Hirten und Herters". In: Geschichts- und Heimatverein Villingen e.V. (Hrsg.): Villingen im Wandel der Zeit. Jahresheft des Geschichts- und Heimatvereins Villingen. Jahrgang XIV. Villingen 1989/1990. URL: http://wiki.ghv-villingen.de/?p=5104. Abgerufen am 9.4.2019.

Huger, Werner: "Die Gründungsidee der Stadt Villingen". In: Geschichts- und Heimatverein Villingen e.V. (Hrsg.): Villingen im Wandel der Zeit. Jahresheft des Geschichts- und Heimatvereins Villingen. Jahrgang XI. Villingen 1987. URL: http://wiki.ghv-villingen.de/?p=5609. Abgerufen am 26.4.2019.

Huger, Werner: "Von Hexen, Zauberern und dem Prozeß zu Villinghen." In: Geschichts- und Heimatverein Villingen. URL: http://wiki.ghv-villingen.de/?p=6196. Abgerufen am 06.04.2019.

Huger, Werner: "Zur Geschichte der Villinger Mauer- und Tortürme". In: Geschichts- und Heimatverein Villingen e.V. (Hrsg.): Villingen im Wandel der Zeit. Jahresheft des Geschichts- und Heimatvereins Villingen. Jahrgang XIX. Villingen 1995. URL: http://wiki.ghv-villingen.de/?p=4543. Abgerufen am 19.4.2019.

Hütt, Michael; Graßmann, Peter: Türken, Husaren und Panduren. In: Geschichts- und Heimatverein Villingen e.V. (Hrsg.): Villingen im Wandel der Zeit. Jahresheft des Geschichts- und Heimatvereins Villingen. Jahrgang XXXVII. Villingen 2014. URL: http://wiki.ghv-villingen.de/?p=3391. Abgerufen am 7.4.2019.

Kottmann, Ingeborg: "Von der Manufaktur zur Massenproduktion. Aus Familienbetrieben werden Weltkonzerne". In: Marketing und Tourismus Villingen-Schwenningen GmbH (Hrsg.): Villingen-Schwenningen. Ostfildern 2010, S. 68-72.

Kretzenbacher, Leopold: Die Seelenwaage. Zur religiösen Idee vom Jenseitsgericht auf der Schicksalswaage in Hochreligion, Bildkunst und Volksglaube. Buchreihe des Landesmuseums für Kärnten, Bd. 4. Kärnten / Klagenfurt 1958.

Kuntzemüller, Otto: Die Denkmäler Kaiser Wilhelm des Großen in Abbildungen mit erläuterndem Text. Bremen o. J.

Lächele, Rainer: Der Saft aus der Dose. Über 100 Jahre Strom in VS. Villingen-Schwenningen 2006, S. 19-34.

Maulhardt, Heinrich: Der Villinger Markt bis zum Beginn des 19. Jahrhunderts. In: Geschichts- und Heimatverein Villingen. URL: http://wiki.ghv-villingen.de/?p=1883. Abgerufen am 22.03.2019.

Mausshardt, Philipp: "Muß das sein?". In: DIE ZEIT. Ausgabe 10/1995. URL: https://www.zeit.de/1995/10/Muss_das_sein. Abgerufen am 6.4.2019.

Merkle, Berthold: Bauen mit politischem Anspruch. Ausstellung im Schwenninger Rathaus würdigt den Architekten Hans Herkommer. Schwäbisches Tagblatt vom 17.12.2012.

Müller, Kurt: "Die Passionsstele am Stationenweg". In: Geschichts- und Heimatverein Villingen. URL: http://wiki.ghv-villingen.de/?p=6784. Abgerufen am 4.4.2018.

Müller, Kurt: "Ein Feldkreuz auf Wanderschaft". In: Geschichts- und Heimatverein Villingen. URL: http://wiki.ghv-villingen.de/?p=2434. Abgerufen am: 28.03.2019.

Neckarquelle Online: Die Evangelische Kirchengemeinde Schwenningen ehrt die stillen Helden. URL: https://www.nq-online.de/index.php?kat=50&artikel=15276. Abgerufen am 5.4.2019.

Neugart, Hermann Alexander: "Das sogenannte Hammerkäppele", unveröffentlicht.
Ohnezeit, Maik: "Erinnerung an den ‚Heldenkaiser': eine Bildnisbüste Kaiser Wilhelms I.". In: Informationen und Berichte des Braunschweigischen Landesmuseums. Ausgabe 4/2008, S. 20-23.

Opus dei: Himmel Tod und Fegefeuer. URL: https://opusdei.org/de-de/document/himmel-tod-und-fegefeuer-die-letzten-dinge/. Abgerufen am 25.03.2019.

Pleithner, Herbert: "Lebendige Stadtgeschichte im Kaiserturm". In: Geschichts- und Heimatverein Villingen e.V. (Hrsg.): Villingen im Wandel der Zeit. Jahresheft des Geschichts- und Heimatvereins Villingen. Jahrgang XIX. Villingen 1995. URL: http://wiki.ghv-villingen.de/?p=4654. Abgerufen am 19.4.2019.

Revellio, Paul: Beiträge zur Geschichte der Stadt Villingen. Villingen 1964, S. 20, S. 61 ff; 74-86.

Riedel, Hermann: Villingen 1945 - Bericht aus einer schweren Zeit, Villingen/Schwarzwald, 1968.

Rodenwaldt, Ulrich: "Ein bedeutender Villinger Forstmann: Oberförster Hubert Ganter". URL: http://wiki.ghv-villingen.de/?p=5219. Abgerufen am: 06.04.2019.

Schubert, Marga: "195 Jahre Firmengeschichte Görlacher". In: Geschichts- und Heimatverein Villingen e.V. (Hrsg.): Villingen im Wandel der Zeit. Jahresheft des Geschichts- und Heimatvereins Villingen. Jahrgang XXXVI. Villingen 2013. URL: http://wiki.ghv-villingen.de/?p=3154. Abgerufen am 19.4.2019.

Schubert, Marga: "Ende einer Jahrhunderte alten Klostergeschichte". In: Geschichts- und Heimatverein Villingen e.V. (Hrsg.): Villingen im Wandel der Zeit. Jahresheft des Geschichts- und Heimatvereins Villingen. Jahrgang XXXIX. Villingen 2016. URL: http://wiki.ghv-villingen.de/?p=7739. Abgerufen am 20.4.2019.

Schubert, Marga: 1200 Jahre Villingen-Schwenningen. Die besondere Stadtgeschichte von 817 bis 2017. Villingen 2017, S. 34.

Schubert, Marga: Ignaz F. Görlacher: Mit Tradition und Power in die Zukunft. URL: https://www.suedkurier.de/region/schwarzwald/villingen-schwenningen/Ignaz-F-Goerlacher-Mit-Tradition-und-Power-in-die-Zukunft;art372541,9445147. Abgerufen am 19.4.2019.

Schulz, Günter: Geschichte der ehemaligen Königlich Württembergischen Saline Wilhelmshall bei Schwenningen am Neckar 1823-1865. Schwenningen 1967.

Schulze, Ute: "Geschichte Villingens anhand von Versammlungsstätten". In: Geschichts- und Heimatverein Villingen e.V. (Hrsg.): 1000 Jahre Markt-, Münz- und Zollrecht Villingen. Jubiläumsausgabe zum Stadtjubiläum. Villingen 1998, S. 38.

Schulze, Ute: Häuser und ihre Geschichte. Villingen-Schwenningen 1998, S. 49 f.
Spicker-Beck, Monika: "Schwenningen im Königreich Württemberg 1806 bis 1871". In: Bumiller, Casimir (Hrsg.): Geschichte der Stadt Villingen-Schwenningen. Band II. Der Weg in die Moderne. Villingen-Schwenningen 2017, S. 114-167.

Staatsgalerie Stuttgart: Sammlung. URL: https://www.staatsgalerie.de/g/sammlung/sammlung-digital/einzelansicht/sgs/werk/einzelansicht/CAA33BF1382248949ABA3ECD49517C4F.html. Abgerufen am 25.03.2019.

Stadt Villingen (Hrsg.): Wie tickt Villingen-Schwenningen? Die Ausstellung zum Stadtjubiläum vom 24. Juni bis 27. August 2017. Villingen 2017, S. 14 f.

Stadt Villingen-Schwenningen: Willi Dorn Schillerstein. URL: https://www.villingen-schwenningen.de/kultur/staedtische-galerie/kunst-im-oeffentlichen-raum/willi-dorn-schillerstein.html. Abgerufen am 9.4.2019.

Südkurier vom 4. Juli 1959.

Südwestdeutsches Archiv für Architektur und Ingenieurbau: Herkommer, Hans. URL: https://www.saai.kit.edu/?glossary=herkommer-hans. Abgerufen am 26.4.2019.

Tocha, Michael: "Eine Schwenninger Mutter, ihr krankes Kind und die Nonnen zu Villingen". In: Geschichts- und Heimatverein Villingen e.V. (Hrsg.): Villingen im Wandel der Zeit. Jahresheft des Geschichts- und Heimatvereins Villingen. Jahrgang XXVII. Villingen 2004. URL: http://wiki.ghv-villingen.de/?p=6664. Abgerufen am 20.4.2019.

Trenkle, Wolfgang: Mutiger Widerstand in finsterer Zeit. URL: https://www.schwarzwaelder-bote.de/inhalt.villingen-schwenningen-mutiger-widerstand-in-finsterer-zeit. Abgerufen am 5.4.2019.

Von Aquin, Thomas: Summa Theologica. URL: http://www.documentacatholicaomnia.eu/03d/1225-1274,_Thomas_Aquinas,_Summa_Theologiae_[2],_EN.pdf. Abgerufen am 25.03.2019.

Zieglwalner, Martina: "Vor 60 Jahren - Kriegsende in Villingen". In: Geschichts- und Heimatverein Villingen e.V. URL: http://wiki.ghv-villingen.de/?p=1299. Abgerufen am 1.5.2019.

Zotz, Thomas: Die Verleihung des Markt-, Münz- und Zollrechts durch Kaiser Otto III. an Graf Berthold für seinen Ort Villingen, in: Villingen und Schwenningen. Geschichte und Kultur. Villingen-Schwenningen 1998, S. 21. f..

Bildnachweis

S.7: J ens Fröhlich
S. 9: Fotohaus Kerstin Sänger

1 Becken
2 Karl-Marx-Straße
3 Bärenschild
4 Türmchen
5 Denkmal
6 Befestigungssteine
7 Waage
8 Krawazi
9 Kreuzwegstele
10 Gute-Beth-Reliquie
11 Wandbild
12 Wall
13 Bauinschrift
14 Relief
15 Sühnekreuz
16 Absinthbrunnen
17 Abt-Gaisser-Haus
18 Sophienkirche
19 Zoll- und Bildstock
20 Schillerstein
21 Mühlstein
22 Schriftzug
23 Fenster
24 Hans-Sachs-Relief
25 Aussichtsturm
26 Wetterfahne
27 Suweg
28 Medaillon
29 Pfähle
30 Schneise
31 Schönsteinhaus
32 Latschariplatz
33 Kapelle
34 Initial
35 Steinmetzzeichen
36 Zwei-Kaiser-Denkmal
37 Erdwall
38 Deckenmalerei
39 Jahreszahl
40 Klosterpforte
41 Metallklappe
42 Braunagelplatz
43 Stadtmauersteine
44 Leeres Schriftfeld
45 Romäusquelle
46 Uhrenturm
47 Bisellykreuz
48 Kirchturm
49 Olfewiib
50 Wetzrillen

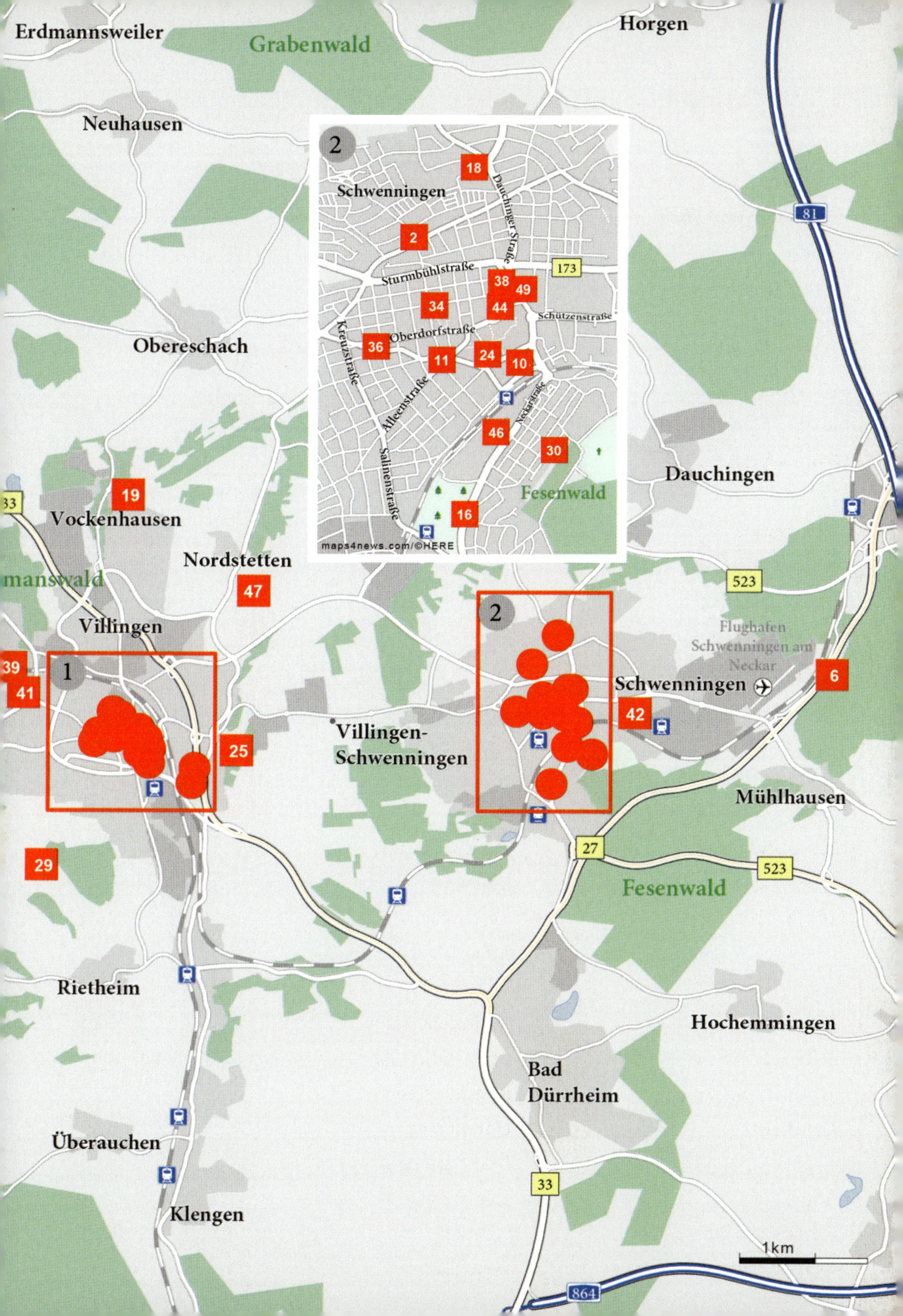

Erdmannsweiler
Grabenwald
Horgen
Neuhausen
2
18
Schwenningen
Dauchinger Straße
2
173
Sturmbühlstraße
38
49
34
44
Schützenstraße
Kreuzstraße
Oberdorfstraße
36
11
24
10
Alleenstraße
Neckarstraße
46
30
Salinenstraße
Fesenwald
16
maps4news.com/©HERE
81
Obereschach
Dauchingen
33
19
Vockenhausen
Nordstetten
manswald
47
523
2
Villingen
Flughafen Schwenningen am Neckar
39
1
41
Schwenningen
6
42
25
Villingen-Schwenningen
Mühlhausen
29
27
523
Fesenwald
Rietheim
Hochemmingen
Bad Dürrheim
Überauchen
33
Klengen
1 km
864

SIE WOLLEN NOCH MEHR ÜBER

Villingen-Schwenningen

WISSEN?

Hier gibt es sachkundige Informationen:

Ortrud Jörg-Fuchs
Führungen zu Villingen- damals und heute und den Themen „Handwerker und Zünfte“ und „Die Royals von Villingen - auf den Spuren der Habsburger“ können gebucht werden bei Tourist-Info und Ticket-Service
Villingen Schwenningen
Rietgasse 2
78050 Villingen-Schwenningen
Telefon: 07721/82-2340
E-Mail:tourist-info@villingen-schwenningen.de
Öffnungszeiten: Mo - Fr 10.00 bis 17.00 Uhr (im Sommer - 18.00 Uhr),
Sa 9.00 -17.00 Uhr
So 11.00 - 17.00 Uhr

Stadtarchiv
Das Stadtarchiv bewahrt und betreut die Überlieferung zur Geschichte der Stadt Villingen-Schwenningen. Nutzung von Archivgut und Führungen für Gruppen sind nach Voranmeldung möglich.
Lantwattenstraße 4, 78050 Villingen-Schwenningen
Telefon: 07721 / 82-1810
E-Mail: stadtarchiv@villingen-schwenningen.de
Homepage: www.villingen-schwenningen.de/kultur/stadtarchiv/ueber-das-stadtarchiv/
Öffnungszeiten: Nach Voranmeldung

Tourist-Information
Rechts und links des Neckars: Der Rundgang führt über das ehemalige Gelände der Landesgartenschau.
An der historischen Neckarquelle erfahren Teilnehmer, wo der Neckar herkommt, wie die Quelle entstanden ist und welche Geschichten sich um sie ranken. Startpunkt dieser Führung ist der Parkplatz Eisstadion im Stadtteil Schwenningen.
Tourist-Information im Franziskaner Kulturzentrum
Rietgasse 2
78050 Villingen-Schwenningen
Telefon: 07721 / 82-2340
Fax: 07721 / 82-2347
E-Mail: tourist-info@villingen-schwenningen.de
Homepage: www.wt-vs.de

Publikationen:

Bumiller, Casimir (Hrsg.)
Geschichte der Stadt Villingen-Schwenningen. Band II.
Der Weg in die Moderne
Villingen-Schwenningen 2017

1
Sühnekreuz
Große Liebe und grausamer Mord
Er hieß Marian Lewicki. Er war 29 Jahre alt. Und er wurde im März 1943 öffentlich hingerichtet. Sein Verbrechen: Er, der Pole, hatte ein deutsches Mädchen geliebt. Die Eiche, an der er aufgeknüpft wurde, steht noch heute. Unter ihr erinnert ein schlichtes Steinkreuz an seinen tragischen Tod.
3
Die Eiche.
19
Eva-Maria Bast | Heike Thissen
Geheimnisse der Heimat
50 spannende Geschichten aus Villingen-Schwenningen
edition SÜDKURIER

Geheimnisse der Heimat
für Kinder:

Feldberg

auf den Feldberger Hof, das einzige Hotel dort oben. Und was hatte er sich an die Füße geschnallt? Skier. Der Konsul sah aus wie ein Polarforscher mit seiner neuen Skiausrüstung! Für Doktor Tholus war klar: Der Franzose sollte ihm endlich das Skifahren auf norwegischen Brettern beibringen! Dr. Pilet gab damit die ersten Unterrichtsstunden in einer bisher unbekannten Sportart. Die Todtnauer Kinder spotteten und lachten, als sie den Doktor bei seinen ersten Versuchen beobachteten. Das muss so lustig ausgesehen haben!

Allerdings müsst ihr euch das Skifahren anders vorstellen als heute. Zu Zeiten Dr. Pilets war es mehr eine Art Schneeschuhlaufen. Die Bretter waren lang und schwer zu lenken, man musste weit ausholen, um eine Kurve zu fahren. Dass Skifahren aber auch richtig lustig ist – und zudem noch fit hält – bemerkten die Schwarzwälder natürlich schnell. In Todtnau entstand 1891 der erste Skiverein Deutschlands, der Skiclub Todtnau. Der Feldberger Hof war von da an ständig ausgebucht: Mit den Skifahrern kam auch der Tourismus auf den Feldberg. Kein Wunder also, dass die Schwarzwälder dem Mann, dem das zu verdanken ist, ein Denkmal setzten – indem sie die von Bildhauer Thomas Matt angefertigte Statue aufstellten. Natürlich mit Blick auf die Skihänge. Und jetzt nichts wie hoch auf den Berg – und die Piste runter!

So geht's zur Dr. Pilet-Statue:
Die Statue steht in der Nähe der Skistation auf dem Seebuck.

Sabine Wienrich

?
Wie viele Liftanlagen gibt es heute am Feldberg?
a) 6 b) 38 c) 14
Tipp: 5 davon sind am Seebuck.

66

Besuchen Sie uns im Internet: **www.bast-medien.de**

Haftungsausschluss

Trotz intensiven Austauschs mit unseren Gesprächspartnern, gewissenhafter Literaturrecherche und aufmerksamem Korrekturlesen erheben wir weder einen Anspruch auf Vollständigkeit noch auf Fehlerlosigkeit. Wir haben streng darauf geachtet, keine Urheberrechte zu verletzen, unsere Recherchen sind nach bestem Wissen und Gewissen erfolgt. Dennoch übernehmen wir keinerlei Gewähr für die Aktualität, Korrektheit oder Vollständigkeit der bereitgestellten Informationen. Haftungsansprüche gegen uns schließen wir grundsätzlich aus.